디모데 전략
Operation Timothy Global

3

저자_ CBMC USA
역자_ 북미주 KCBMC LOL 사역팀
북미주 KCBMC 사역지원센터

삶의 여정

쿰란출판사

디모데 전략
Operation Timothy Global

3권

삶의 여정

제1과 성경 탐구하기 _4
제2과 하나님의 뜻 알기 _21
제3과 인격을 갖춘 사람 되기 _38
제4과 관계 _53
제5과 하나님 나라의 관점 _72
제6과 인사이더의 소명 _92
제7과 자신의 삶을 배가시키기 _110

성경 탐구하기

허울뿐인 말

미국 워싱턴 D.C.에 위치한 국립 대성당 깊은 지하에는 놓치기 쉬운 전시물이 있습니다. 그곳의 유리 케이스 속 세계에서 가장 작은 성경이라고 주장되는 미니어처 성경들이 있습니다. 방문객들의 눈으로 도저히 읽을 수 없는 이 작은  책이 성경이라는 유일한 단서는 유리 케이스에 붙어 있는 설명용 카드입니다.

이 작은 성경은 우리 문화에서 성경을 대하는 일반적인 접근 방식을 은유적으로 보여 줍니다. 성경을 경외의 대상으로 모셔 두지만, 그것이 실제로 중요하다고 생각하지는 않습니다. 십계명을 전시할 우리의 헌법적 권리에 대해 이야기하면서도, 그 뜻을 깊이 연구하지는 않습니다. 성경을 경외하지만, 실제 삶의 문제에 적용될 것이라고 기대하지도 않습니다.

어떤 사람들은 이렇게 말합니다.

"성경은 하나님께서 세상을 초월하여 내려오셔서 자신의 모습을 그의 백성들에게 나타내시는 곳입니다." - T.H.L. 파커, 작가

"사람들이 성경을 거부하는 것은 성경이 스스로 모순되기 때문이 아니라, 그들 자신이 성경과 모순되기 때문입니다." - E. 폴 이보이, 목사

"어딘가 먼 지역에 있는 한 나라가 성경을 유일한 법전으로 삼아 모든 국민이 그 안에 담긴 가르침에 따라 행동한다면, 이 나라는 얼마나 천국같은 낙원이 될까요!"
- 존 애덤스, 미국의 두 번째 대통령

"나는 성경에서 나의 가장 은밀한 생각을 위한 말들을 발견했습니다. 바로 나의 기쁨의 노래, 나의 숨겨진 슬픔을 위한 표현, 그리고 나의 수치와 연약함을 위한 탄원입니다." - 빅토르 위고, 레 미제라블

성경이 단순히 신화적인 유물에 불과한 것일까요? 그렇다면 그것은 토리노의 수의나 전설 속 성배와 같다고 할 수 있습니다. 하지만 만약 그 이상이라면, 좀 더 깊이 살펴볼 가치가 있습니다.

핵심 주제

1. 성경의 목적은 무엇입니까?
2. 성경은 나에게 어떻게 도움이 됩니까?
3. 성경을 가지고 무엇을 하겠습니까?

1. 성경의 목적은 무엇입니까?

성경은 여러 가지로 묘사됩니다. 이는 현존하는 가장 폭넓게 검증된 역사적 기록으로, 학자들은 어떤 고대 역사 기록도 성경만큼 완전하고 명백하지 않다는 것을 인정합니다. 또한 성경은 실용적인 지혜와 삶의 교훈을 가장 풍부하게 담고 있는 책이기도 합니다. 그래서 오랫동안 세계에서 가장 많이 인쇄된 책이 된 것입니다.

하지만 더 깊이 들여다보면, 성경은 단순히 책이나 글 모음 그 이상입니다. 성경을 깊이 연구하면 그 안에 담긴 개념과 사상은 성령의 인도하심을 통해 생동감 있게 다가옵니다. 실제로, 1,500년에 걸쳐 40명의 저자에 의해 쓰인 이 글들은 놀라울 만큼의 일관성이 있습니다. 마치 글의 이면에서 하나님께서 세심하게 메시지를 다듬으시고, 각 독자의 눈을 열어 친밀하게 말씀하시는 음성을 듣는 것 같습니다. 그 조언은 각 순간에 적절하며, 그 가르침은 우리의 이해를 몇 단계 앞서는 견고함을 입증합니다.

이와 같이 성경은 하나님 자신에게서 나온 권위를 발산합니다. 따라서 우리의 그리스도에 대한 믿음은 이 기록된 말씀에 대한 믿음에 달려 있습니다. 왜냐하면 우리가 하나님을 알고 이해할 수 있는 능력 자체가 바로 이 말씀 안에 있기 때문입니다.

요한복음 1:1, 14를 읽으십시오. 이 구절들은 말씀이 하나님이고 그 말씀이 우리 가운데 거하신 그리스도임을 설명합니다. 요약하자면, 말씀이 한 인격이라는 말입니다. 이것은 무엇을 의미합니까?

....

....

디모데후서 3:16을 읽으십시오. 당신의 삶에서 이 관점을 어떻게 수용하거나 무시했는지 설명해 보세요.

....

....

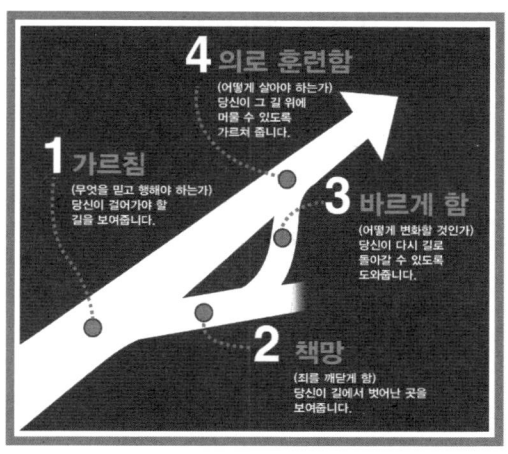

이 구절에 주어진 성경의 네 가지 목적을 자신의 말로 설명하십시오.

베드로후서 1:20-21에서 설명된 하나님의 영감 과정을 설명하십시오.

성경은 지금까지 쓰인 가장 놀라운 책입니다. 약 40명의 개인이 여러 다른 국가와 직업에서 글을 썼습니다. 그들은 약 1,500년(기원전 1400년~기원후 90년)에 걸쳐 히브리어, 아람어, 그리스어 세 언어로 글을 썼습니다. 그러나 성경은 위대한 한 가지 주제와 중심 인물인 주 예수 그리스도만을 위해서 구성되었습니다. 이 모든 것이 가능한 것은 성경이 한 최고의 저자에 의해 작성되었기 때문입니다.

히브리서 4:12에서 성경이 어떻게 묘사되었나요? 그 중요성은 무엇입니까?

2. 성경은 나에게 어떻게 도움이 됩니까?

시편 19:7-9, 10-11을 참고하여 다음 표를 완성하십시오.

구절	성경이 불리는 이름	특징	내게 해주는 것
7절	율법	완전함	나를 영적으로 소생시킴
7절	증거	확실함	나에게 지혜를 줌
8절			
8절			
9절			
10절			
11절			

성경의 묘사

시편 119편은 성경에서 가장 긴 시편이자 가장 긴 장입니다. 이 시편은 성전이 재건된 후 에스라가 기록한 것으로 보이며, 하나님의 말씀의 아름다움과 그것이 우리를 정결하게 하고 믿음 안에서 성장하게 도와주는 방식을 되풀이하며 묵상한 내용입니다. 이 시편은 히브리 알파벳의 각 글자에 해당하는 22개의 정교하게 구성된 섹션으로 이루어져 있으며, 각 절은 해당 섹션의 글자로 시작됩니다.

거의 모든 절이 하나님의 말씀을 언급하고 있습니다. 이러한 반복은 히브리 문화에서 흔한 일이었습니다. 오늘날처럼 사람들이 개인적으로 읽을 성경 사본이 없었기 때문에, 하나님의 백성은 하나님의 말씀을 암송하고 구전으로 전해 왔습니다. 이 시편의 구조는 암기하기 쉽게 만들어졌습니다. 하나님의 말씀, 성경은 순결한 삶을 사는 유일하고 확실한 안내서라는 것을 기억하십시오. – 틴들하우스 출판사, *The Life Application Bible, KJV*

다음 성경 구절들에서 성경이 어떻게 기능하는지에 대해 기록한 것을 찾아서 쓰세요.

시편 119:105

....

예레미야 23:29

....

마태복음 4:4

....

야고보서 1:23-25

....

보물 찾기

다음 표는 시편 119에서 가져온 것입니다. 이 시편은 성경에 대한 우리의 동기와 행동을 다룹니다. 이 장은 176절로 구성되며, 그중 여섯 구절을 제외한 모든 구절이 '법' '규례' '명령' '계명' 등의 용어를 사용하여 성경을 언급합니다.

이것은 우리가 하나님의 말씀을 읽고 연구할 때, 하나님에 대해 배우고 가까워지는 데 도움을 줍니다. 우리는 하나님의 성품, 능력, 지혜, 목적을 발견합니다.

9 - 16절을 사용하여 아래의 빈칸을 채우십시오.

구절	동기	행동
9절	율법	그의 말씀을 따라 삶
10절	온 마음으로 하나님을 찾음	신실함을 위한 기도
11절		
12절		
13절		
14절		
15절		
16절		

안전한 곳에 보관하기

시편 119:11은 하나님의 말씀을 마음에 간직한다는 개념을 제시합니다. 성경 암송은 모든 그리스도인에게 필수 도구입니다.

우리가 메시지나 구절을 암송할 때 그것에 어떤 일이 일어날까요?

....

....

다음 구절들은 하나님의 말씀의 가치와 소중함에 대한 이해를 더해 줍니다.

- 예레미야 15:16 - 기쁨과 마음의 즐거움이 됨
- 요한복음 5:39 - 영생을 파악하는 데 도움이 됨

- 베드로후서 1:4 - 하나님의 약속을 줌
- 요한일서 2:1 - 우리를 죄에서 지킴

현재 당신의 신앙 여정에서, 성경은 당신에게 어떤 가치가 있나요?

....
....

그 가치를 어떻게 더 높일 수 있습니까?

....
....

에스라서 7:10에서, 에스라가 성경에 대해 취한 세 가지 행동은 무엇입니까? 또 이 세 가지의 순서가 중요한 이유는 무엇입니까?

....
....

내 안에 풍성한 말씀

골로새서 3:16을 읽으십시오. 여기서 바울은 하나님의 말씀이 당신 안에 풍성히 역사하는 과정을 설명합니다.

하나님의 말씀이 당신 안에 풍성히 역사하게 하기 위한 최소 두 가지 구체적인 방법을 적으십시오.

....
....

말씀이 당신 안에 역사하고 있음을 경험한 적이 있습니까?

....

....

손으로 잡기

여기 하나님의 말씀대로 살고 일하는 데 도움이 되는 '핸즈 온' 접근법이 있습니다.

- 듣기 .... 로마서 10:17
- 읽기 .... 요한계시록 1:3
- 공부하기 .... 사도행전 17:11
- 외우기 .... 시편 119:9-11
- 묵상하기 .... 시편 1:2-3

당신은 하나님의 말씀을 단단히 붙잡고 있습니까?

- 로마서 10:17 – 듣기 (HEAR)
- 요한계시록 1:3 – 읽기 (READ)
- 사도행전 17:11 – 공부하기 (STUDY)
- 시편 119:9-11 – 암송하기 (MEMORIZE)
- 시편 1:2-3 – 묵상하기 (MEDITATE)

(출처) By permission of The Navigators

이 중에서 어떤 것을 가장 즐깁니까? 이유는 무엇입니까?

....

....

가장 소홀히 하는 것은 무엇입니까? 이유는 무엇입니까?

....
....

성령은 믿는 자 안에 거주하며, 성경 말씀을 사용하는 것을 좋아합니다. 우리가 성경 구절을 암송할 때, 성령은 우리를 올바른 길로 인도하기 위해 그것들을 즉시 사용할 수 있습니다.

깊은 생각들

우리는 성경 말씀을 묵상할 때, 기도하는 마음으로 말씀을 반영합니다. 우리는 말씀을 더 깊이 이해하고 우리의 삶에 적용하는 방법을 찾고 있습니다. 우리의 목표는 하나님의 뜻에 더 가까워지기 위해 그의 말씀을 묵상하는 것입니다.

여호수아 1:8에 따르면, 묵상은 우리에게 어떤 도움을 줍니까?

....
....

묵상한 구절을 통해 하나님이 당신에게 말씀하시는 것을 경험한 사례를 회상해 보십시오.

....
....

3. 성경을 가지고 무엇을 하겠습니까?

이제 성경이 신뢰할 만하다는 것을 알게 되었으니, 가장 중요한 질문을 던져야 합니다. '그래서 무엇을 할 것인가?' 답은 꽤 명백해야 합니다. 우리는 성경을 공부해야 합니다. 하나님은 우리에게 자신과 그의 성품을 알 수 있도록 그의 말씀을 주셨습니다. 우리는 옳은 일을 하기 위해 공부하는 것이 아니라, 성경이 하나님께서 자신을 계시하시는 중한 방법이기 때문에 공부합니다. 특히 예수 그리스도의 삶을 통해서 계시하십니다. 그러나 우리의 공부는 단지 이해를 위한 것이 아니라, 변화를 위한 것이어야 합니다. 하나님에 대한 우리의 사랑이 더욱 깊어져야 하며, 또한 우리의 삶에 영향을 미쳐야 합니다.

요한복음 20:31을 읽으십시오. 저자는 성경이 기록된 목적이 무엇이라고 말합니까?

....

....

야고보서 1:22-25을 읽으십시오. 우리는 '말씀을 듣는 자' 외에 무엇이 되어야 합니까?

....

....

야고보서 1:22-25의 명령에 순종한다면, 그 결과는 무엇입니까?

....

....

귀납적 성경 공부를 해 보십시오

성경 말씀을 어떻게 실천할지 알려면, 먼저 그 말씀이 무슨 뜻인지 정확히 이해하는 것이 중요합니다. 이를 위해 '귀납적 성경 공부 방법'은 매우 효과적인 방법입니다. 이 방법은 기자나 조사관처럼 성경 말씀을 자세히 살펴보면서, "무엇을 말하고 있을까?", "왜 그렇게 말했을까?", "이 말씀이 나에게 무엇을 의미할까?" 같은 탐구 질문을 통해 성경이 말하는 내용을 스스로 발견하고 결론에 이르게 도와줍니다.

아래에 소개된 자료를 보면, 이 방법을 실제로 어떻게 사용하는지에 대한 설명과 연습 문제가 포함되어 있으니 참고해 보세요.

1단계 기도

성경 공부는 영적 활동이므로 기도로 접근해야 합니다. 하나님과 그의 말씀을 더 잘 알기 위해 공부하는 것이라면, 먼저 하나님의 도움을 구해야 합니다. 주님께서 당신의 마음을 열어 그의 진리를 이해하고 적용할 수 있도록 해 달라고 기도하십시오.

공부를 시작하기 전에 주님께서 말씀으로 가르쳐 주시기를 요청하십시오. 시편 119:105에 나와 있는 것처럼 "하나님의 말씀이 내 발에 등불이요 내 길에 빛이 되게 해주세요"라고 기도할 수 있습니다.

2단계 관찰: '내가 무엇을 보았는가?'

효과적인 공부는 모든 세부 사항을 신중하게 관찰하는 데에서 나옵니다. 저자의 단어 선택에 주의하세요. 원문의 모든 단어가 하나님에 의해 의도적으로 배치되었다는 것을 기억하십시오. 누가, 무엇을, 어디서, 언제, 왜, 그리고 어떻게 등의 질문을 사용하여 가능한 한 많은 세부 사항을 조사하십시오.

연습 구절-골로새서 1:1-8
구절을 몇 번 읽은 후, 가능한 한 많은 세부 사항을 사용하여 다음 질문에 답하십시오.

누가(WHO): 이 구절에 언급된 모든 사람을 나열하십시오(하나님에 대한 언급 포함), 그런 다음 저자와 청중을 결정하십시오.

....

어디에(WHERE): 이 구절과 관련된 장소에 대해 나열하십시오.

....

언제(WHEN): 이 구절에서 과거, 현재 또는 미래와 관련된 힌트를 열거해 보십시오.(이것은 조금 까다로울 수 있습니다. 이 구절이나 책 전에 일어난 사건들이 언제 쓰였는지, 또는 어떤 시기를 언급하는지에 대한 단서를 제공할 수 있습니다.)

....

무엇을(WHAT): 이 구절에서 무슨 일이 일어나고 있습니까? 저자는 무엇을 하고 있습니까? 또는 그의 청중에게 무엇을 하고자 합니까?

....

왜(WHY): 저자의 행동이나 메시지에 대한 동기는 무엇입니까?(여기에는 하나님께서 명시하신 동기가 포함될 수 있습니다.)

....

어떻게(HOW): 저자의 목표는 어떻게 이루어질 것입니까? 청중은 어떻게 반응해야 합니까?

....

....

3단계 해석: '이것은 무엇을 의미하는가?'

모든 성경 구절은 특정한 역사적, 문자적, 문법적 해석을 염두에 두고 저자가 기록한 것입니다. 이를 바탕으로 우리는 각 구절의 의미를 올바르게 해석하기 위해 그 맥락을 살펴보아야 합니다. 우리는 "이 구절이 나에게는 이런 의미이다"라고 말하는 대신, 하나님께서 원래 수신자들에게 이 구절을 어떤 의미로 전하려 하셨는지를 파악해야 합니다. 좋은 출발점은 그 구절의 핵심 요점을 찾아내는 것입니다. 만약 그것이 어렵다면, 해당 구절의 맥락, 주변 절과 장을 살펴보세요. 또한 관련된 다른 성경 구절을 비교하거나, 성경 학자들이 쓴 주석서와 참고 자료와 같은 연구 도구를 활용해 더 명확하게 이해할 수 있습니다. 이해가 잘 되지 않을 때는 주변 구절들을 더 넓게 읽어 나가며 맥락을 보다 선명하게 파악해 보세요. 핵심 요점을 찾아낼 수 있다면, 저자가 원래 의도한 의미를 이해하는 데 한 걸음 다가간 것입니다.

방금 관찰한 구절의 주요 요점은 무엇입니까? 저자는 독자들이 무엇을 알기를 원했습니까?

....

....

4단계: 적용: "이것은 어떻게 적용되는가?"

각 구절에 진정한 해석은 하나지만, 오늘날 우리가 살아가는 일에 관해서는 여러 가지 의미나 적용이 있을 수 있습니다. 성경을 읽을 때 하나님의 명령, 하나님께서 우리에게 원하시는 삶의 예시, 우리가 고백하거나 피해야 할 죄, 하나님을 예배할 이유 등 다양한 종류의 적용을 찾아야 합니다. 우리가 성경에서 배운 것을 적용할 때, 하나님에 대한 우리의 헌신을 드러낼 수 있습니다.

구절을 다시 읽으십시오. 하나님의 명령이나 예시, 피해야 할 행동, 하나님과의 관계에 대한 통찰을 나열하십시오.

위에 나열한 것과 현재 당신의 삶의 상태 사이에 불일치가 보입니까?

끊임없이 주는 선물

성경을 더 잘 이해하고 적용하기 위해 우리가 물어 볼 수 있는 질문들은 많지만, 이 정도면 기본적인 그림을 그릴 수 있을 것입니다. 성경 공부는 시간이 걸린다는 것을 기억해야 합니다! 성경을 연구하는 것은 평생에 걸친 과정이며, 끊임없이 쌓여 가는 여정입니다. 우리의 일상 생활에서 성경을 우선순위에 두도록 순종해야 합니다.

성경은 하나님께서 주신 놀랍고도 강력한 선물입니다. 우리는 우주를 창조하신 분의 지혜와 관점을 언제든지 손쉽게 접할 수 있습니다. 삶의 어떤 부분이나 위기 상황이라도 성경을 통해 인도함을 받을 수 있습니다. 우리는 성경에 깊이 잠겨 있어야 합니다. 날마다 성경을 공부하고, 묵상하며, 적용하면서 평생을 살아가야 합니다.

> **성구 암송: 하나님의 말씀**
>
> "모든 성경은 하나님의 감동으로 된 것으로 교훈과 책망과 바르게 함과 의로 교육하기에 유익하니 이는 하나님의 사람으로 온전하게 하며 모든 선한 일을 행할 능력을 갖추게 하려 함이라"(딤후 3:16-17).

관련 자료

What the Bible Is All About, Dr. Henrietta Mears
How to Study Your Bible, Kay Arthur
How to Study the Bible, John MacArthur
Talk Thru the Bible, Bruce Wilkinson and Kenneth Boa
The MacArthur Study Bible, John MacArthur
The Bible Knowledge Commentary, John Walvoord and Roy Zuck
The New Moody Atlas of the Bible, Barry Beitzel
BlueLetterBible.org
Scripture Memory Verses, Book 3
Inductive Bible Study Fillable Blank Form

더 깊이 들어가기

이 섹션은 도전적인 질문, 오디오 추천, 자기 성찰 연습을 통해 조금 더 깊이 나아갈 수 있도록 돕기 위한 것입니다. 이 섹션은 선택 사항이므로 모두 사용하거나 일부를 사용하거나 또는 전혀 사용하지 않아도 됩니다.

생각하기: 요한복음 16:17-18은 예수님의 말씀에 대한 다음과 같은 반응을 기록하고 있습니다. "그때 제자 중 몇 사람이 서로 말하되 '우리에게 말씀하신 것이 무엇이냐? 조금 있으면 나를 보지 못하겠고, 또 조금 있으면 나를 보리라 하시며, 또 내가 아버지께로 간다 하신 말씀이 무엇이냐?' 하고 또 말하되 '조금 있으면이라 하신 말씀이 무엇이냐? 무엇을 말씀하시는지 알지 못하노라' 하더라." 이 구절들이 하나님께 당신의 질문을 더 솔직하게 접근할 수 있게 합니까? 그렇다면 어떻게 해 줍니까?

....

....

관찰하기: 성경은 하나님을 올바르게 이해하는 가장 중요한 정보의 출처입니다. 현재의 하나님에 대한 당신의 이해에 성경이 얼마나 중요한 역할을 했습니까?

....

....

고려하기: 성경 구절이나 장을 선택하고 이 장에서 설명한 귀납적 성경 공부를 시도해 보세요.

....

....

02 하나님의 뜻 알기

어떤 사람들은 이렇게 말합니다.

"내 삶을 향한 하나님의 뜻이 무엇인가?"라는 질문은 적절하지 않습니다. 올바른 질문은 "하나님
의 뜻은 무엇인가?"입니다. 내가 하나님의 뜻을 알게 되면 그에 맞춰 내 삶을 조정할 수 있습니다. 다시 말해, 내가 있는 곳에서 하나님께서 무엇을 계획하고 계신지, 하나님께서 무엇을 하고 계신지 알게 되면, 내가 무엇을 해야 할지 깨닫게 됩니다. 내 삶이 아니라 하나님께 초점이 맞춰져야 합니다!" – 헨리 블랙커비, 선교사이자 《하나님을 경험하는 삶》의 저자

"내 뜻이 아닌 아버지의 뜻이 이루어지기를 원합니다." – 예수 그리스도

"예수님이 내 어깨를 툭 치며 물으셨습니다. '밥, 왜 내게 저항하고 있니?' 나는 대답했습니다. '저는 당신께 저항하지 않아요!' 예수님이 말씀하셨습니다. '나를 따르겠느냐?' 나는 대답했습니다. '한 번도 생각해 본 적이 없어요!' 예수님이 말씀하십

니다. '네가 나를 따르지 않으면, 나를 거부하고 저항하는 것이다.'" - 밥 딜런, 포크 가수

"기도가 당신의 핸들입니까, 아니면 스페어 타이어입니까?" - 코리 텐 붐, 홀로코스트 생존자이자 작가

가장 중요한 수수께끼

사람들은 수수께끼에 흥미를 갖기도 하지만 어떤 사람들은 좌절감을 경험하기도 합니다. 하나님의 뜻은 어떤가요? 하나님의 뜻을 아는 것이 정말 어려운 수수께끼처럼 느껴지나요? 잘못된 선택을 하면 큰일이 날 것 같고, 두렵고 막막한 일이 되어 버리나요? 하지만 꼭 그렇게 생각할 필요는 없어요. 하나님을 매일 따르기로 결심한 사람이라면 누구나 자연스럽게 이런 질문을 하게 되죠. "하나님은 나를 어디로 인도하실까? 내가 그 뜻을 모르면 어떻게 하지? 혹시 잘못된 길을 선택하면 어떻게 될까?"

하지만 하나님의 뜻을 찾는 것이 그렇게 무겁고 두려운 일일까요? 마치 디즈니랜드에서의 하루처럼 생각할 수는 없을까요? 디즈니랜드에는 어디를 가도 재미있고 새로운 선택들이 가득하잖아요. 지도를 보고, 정보를 바탕으로 어떤 놀이기구를 탈지, 어떤 길을 갈지 현명하게 선택하면 그 하루를 즐길 수 있어요.

하나님께서 우리 인생을 위해 세우신 계획은 디즈니랜드보다 훨씬 더 놀랍고 완벽해요. 그리고 그 계획은 두려움이 아니라 기쁨과 생명으로 가득 차 있어요. 하나님은 우리에게 다양한 기회와 선택지를 주셨고, 성경을 통해 분명한 지침도 주셨어요. 그러니 두려워하지 말고 하나님의 말씀을 따라 한 걸음씩 나아가면 됩니다. 하나님께서는 월트 디즈니보다 더 창의적으로 우리의 삶을 설계하셨습니다. 그분의 설계는 완벽합니다.

그리고 그것은 단순한 오락이 아니라, 삶에 관한 것입니다. 하나님의 뜻을 발견하는 것은 그 설계 안에서 역동적이고 지속적인 추구입니다. 하나님은 단순히 오래전에 지구를 창조하신 것이 아닙니다. 그분은 계속해서 창조적인 무언가를 하고 계십니다. 모든 믿는 자는 하나님이 세상에서 무엇을 하고 계시는지, 그리고 우리 각자

와 무엇을 하고 계시는지를 이해해야 합니다. 다시 한번 강조하지만, 하나님의 뜻을 분별하는 지침은 성경 안에 있습니다.

> "당신은 그저 자신의 계획에 하나님의 승인을 받으려 하는 것이 아니라, 진정으로 하나님의 뜻을 구해야 합니다." - 고든 잭슨, 교수

핵심 주제

1. 하나님은 어떤 계획을 가지고 계실까요?
2. 모든 사람을 위한 하나님의 뜻
3. 당신을 위한 하나님의 뜻
4. 장애물 제거

1. 하나님은 어떤 계획을 가지고 계실까요?

세상의 사건들을 해석하는 두 가지 방법이 있습니다. 하나는 무작위이고 의미가 없다고 해석하는 것이고, 다른 하나는 신중하게 설계되었고 깊은 의미가 있다고 해석하는 것입니다. 인류에게는 전자의 결론에 도달하는 것이 유혹적입니다. 결국, 우리의 마음은 항상 우리의 상황에서 목적을 보지 못합니다. 많은 세계적 사건들이 방향이 없고, 비극적이거나 무의미해 보입니다. 그 안에 하나님이 계실까요? 하지만 성경은 매우 분명하게 말하고 있습니다. 하나님은 모든 사소한 세부 사항에 관여하시며, 모든 것에는 목적이 있다고 합니다. 그리고 그 목적은 그분을 섬깁니다.

사도행전 17:24-28을 읽으십시오. 여기에서 묘사된 하나님과 역사의 관계를 요약하십시오.

....
....

이 구절이 당신의 특정한 삶에 대해 무엇을 말하고 있습니까?

....
....

마태복음 6:25-34을 읽으십시오. 이 구절에 따르면, 사소한 일들이 일어날 때 하나님은 어디에 계십니까?

....
....

우리의 상황을 사용하기 위한 하나님의 계획이 있다고 믿는 것이 가장 어려울 때는 언제입니까?

....
....

2. 모든 사람을 위한 하나님의 뜻

첫 번째 주제를 요약하자면, 하나님은 역사를 통해 자신의 목적을 이루어 가십니다. 이에는 크고 작은 사건들이 포함되며, 물론 우리의 삶의 문제들도 포함됩니다. 성경에서 하나님의 목적이 언급될 때마다 그분의 사랑도 함께 언급되는 경우가 많습니다. 두 가지는 떼려야 뗄 수 없는 관계입니다.

하나님의 뜻의 많은 부분은 신비로 가려져 있는 것처럼 보이지만, 다른 부분은 쉽게 알 수 있습니다. 사실, 성경은 많은 문제들에 대해 직접적으로 다루고 있습니다. 우리가 그분의 명확한 지침에 익숙해질수록, 성경에 언급되지 않은 상황에서 하나님의 뜻을 더 잘 예측할 수 있습니다.

항상 해야 하는 것

성경이 직접적으로 다루는 경우, 우리는 의문을 가질 필요가 없습니다. 예를 들어, 항상 하나님의 뜻인 것은 다음과 같습니다.

마태복음 6:33

마태복음 7:12

마태복음 28:19-20

로마서 12:17

데살로니가전서 4:3-5

데살로니가전서 5:16-18

....

베드로전서 1:15

....

베드로전서 2:15

....

"하나님의 인도를 열심히 구하는 그리스도인들이 종종 잘못된 길로 가는 이유는 무엇일까요? 그 이유는 종종 하나님의 인도하심의 본질과 방법에 대한 그들의 개념이 왜곡되었기 때문입니다. 그들은 이미 손에 있는 인도를 간과하고, 온갖 종류의 망상에 휘둘립니다. 그들의 기본적인 실수는 하나님의 인도를 성경 말씀과는 별개로, 성령의 내적인 촉구로만 이해하기 때문입니다." – J. I. 패커, 《하나님 알기》

하나님의 뜻에 대해 가장 궁금한 것은 무엇입니까?

....

....

어떤 영역에서 하나님의 인도하심을 구한 적이 있습니까? 하나님께서 응답하셨다고 느꼈습니까?

....

....

3. 당신을 위한 하나님의 뜻

성경은 우리의 도덕성과 영성에 대한 하나님의 뜻을 분명히 합니다. 그러나 일상생활에 대해서는 어떨까요? 하나님은 당신의 직업, 결혼할 사람, 집을 사는 것에 대한 뜻을 가지고 계십니까? 실제로, 이러한 질문들은 복잡하며, 우리는 하나님의 뜻을 구해야 합니다.

잠언 3:5-6을 읽으십시오. 여기서 하나님의 뜻을 발견하기 위한 통찰력은 무엇입니까?

....
....

시편 40:8에서 시편 기자는 어떤 태도를 보입니까?

....
....

그의 갈망을 강화한 것은 무엇입니까?

....
....

시편 25:4-5을 읽고, 당신의 현재 삶에서 궁금한 질문을 참고하여 다윗의 기도를 자신의 언어로 작성하십시오. 작성한 것을 하나님께 기도로 드리십시오.

....
....

> 우리는 종종 하나님의 뜻을 찾는 것을 우리의 뜻을 축복해 달라는 것으로 혼동합니다.

왜 우리는 하나님의 뜻을 찾는 것에 그렇게 관심이 많을까요? 우리의 모든 이유가 다 정당한가요?

....
....

자기 성찰

결정을 내릴 때 하나님의 뜻을 구하는 과정에서 자연스럽게 몇 가지 질문을 하게 됩니다. 여기 몇 가지 원칙이 있습니다.

- 고린도전서 6:12 - 모든 것이 가하지만 모든 것이 유익하지 않습니다.
- 고린도전서 6:18-20 - 음란을 피하십시오. 음란한 사람은 자신의 몸에 죄를 짓습니다.
- 고린도전서 8:9 - 주어진 자유를 행사하는 것이 때로는 약한 자에게 걸림돌이 될 수 있습니다.
- 고린도전서 10:31 - 먹든지 마시든지, 무엇을 하든지 하나님의 영광을 위해 하십시오.

이 원칙들이 어떻게 당신에게 도움이 될 수 있습니까?

....

....

한 가지 조건

로마서 12:2은 하나님의 뜻을 '분별'할 수 있는 조건을 제시합니다. 이 조건을 자신의 말로 설명하십시오.

....

....

하나님의 뜻을 찾는 과정에서 누가 개인적으로 당신을 도울 수 있습니까? 요한복음 16:13을 참조하십시오.

....

....

"하나님의 뜻은 하늘에서 끈에 달려 내려오는 마법의 패키지가 아닙니다. 하나님의 뜻은 매일 펼쳐지는 두루마리와 더 비슷합니다. 하나님의 뜻은 우리 삶의 매일을 분별하고 살아가는 것입니다. 이것은 한 번에 영원히 붙잡는 계획이나 청사진을 따르는 것이 아닙니다. 우리의 부르심은 계획이나 청사진을 따르는 것이 아니라, 예수 그리스도를 따라가고 매일 그분을 따라가려고 노력하는 것입니다." – 폴 리틀, 《하나님의 뜻을 확인하다》

시편 27:14에서 다루는 원리는 무엇입니까? 이것이 당신에게 왜 어려운지요?

....

....

잠언 19:20에서 발견되는 또 다른 원리는 무엇입니까?

....

....

하나님은 분명히 그리스도인들을 사용하여 다른 그리스도인들을 지도하십니다. 당신의 경험을 통해 다른 그리스도인들에게 영적 통찰력을 제공할 것입니다.

당신을 잘 알고 있는 성숙한 그리스도인 두세 명의 이름을 적으십시오.

....

....

시편 32편을 반영하십시오. 8-10절에서 무엇을 이해합니까?

....

....

조지 뮬러는 19세기 영국의 목사로, 믿음의 삶을 잘 보여 주는 인물로 유명합니다. 그가 하나님과의 친밀한 내면의 관계를 유지하는 방법과 하나님의 음성을 분별하는 방법에 대해 쓴 글이 있습니다. 이 원칙들은 우리가 배운 내용들을 요약한 것이기도 합니다.

첫째, 그는 처음에 자신이 어떤 문제에 대해 하나님의 뜻을 따를 준비가 되도록 마음을 준비한다고 말합니다. 대부분의 사람들의 어려움은 바로 여기에서 시작됩니다. 마음이 하나님의 뜻을 따를 준비가 되면, 하나님의 뜻을 아는 데 큰 어려움이 없어진다고 합니다. 그런 상태에 있을 때, 하나님의 뜻을 아는 것은 그리 어렵지 않습니다.

둘째, 그가 이렇게 준비한 후에는, 결과를 기분이나 단순한 느낌에 맡기지 않습니다. 그렇게 하면 큰 환상에 빠질 위험이 있기 때문입니다.

셋째, 그는 하나님의 뜻을 성경과 연결된 성령의 인도하심을 통해 구한다고 말합니다. 성령과 말씀은 반드시 결합되어야 하며, 성령이 인도하실 때는 성경에 반하는 방법으로는 결코 인도하지 않으십니다.

넷째, 다음으로, 그는 섭리적인 상황들을 고려합니다. 이러한 상황들은 종종 하나님의 뜻을 성경과 성령과 연결하여 명확하게 나타냅니다.

다섯째, 그는 기도를 통해 하나님께 올바르게 그분의 뜻을 드러내 주시기를 구한다고 말합니다.

여섯째, 따라서 (1) 하나님께 기도하고, (2) 말씀을 연구하고, (3) 반성하는 것을 통해 그는 자신의 능력과 지식에 따라 신중한 결정을 내리고, 만약 마음이 평안을 느끼고 그 평안이 두세 번의 기도를 거쳐 계속된다면, 그는 그에 따라 진행한다고 합니다. - (출처: 조지 뮐러,《기도에 대한 응답: 조지 뮐러의 이야기에서》)

조지 뮐러의 접근 방식에 대해 당신은 어떻게 생각합니까?

그의 접근 방식이 당신의 삶에 어떤 교훈을 주었나요?

이 접근 방식을 적용하기 원하는 개인적인 상황이 있다면 무엇입니까?

....
....

4. 장애물 제거

우리는 하나님의 말씀을 배우고, 기도하며, 성령님의 인도하심과 신실한 그리스도인들의 조언을 구합니다. 그리고 하나님의 때와 방식으로 우리 삶을 이끄실 것을 믿습니다. 그러나 하나님의 뜻을 분명하게 분별하고 그분과의 친밀한 관계를 유지하기 위해서는, 하나님과의 소통을 가로막는 모든 장애물을 제거해야 합니다.

시편 139:23-24을 읽으십시오. 하나님과의 열린 소통을 유지하는 방법은 무엇입니까?

....
....

매일 정기적으로 하나님과 시간을 보내는 것이 왜 유익할까요?

....
....

요한일서 1:9는 하나님과의 소통을 유지하는 데 중요한 것이 무엇이라고 말합니까?

....
....

히브리서 10:25에서 언급된 안전장치는 무엇입니까?

....

....

예방 차원의 일

중요한 프로젝트를 진행하던 중 전력에 문제가 생겨 발생하는 좌절감을 경험한 적이 있을 것입니다. 빠르게 변화하는 현대 사회에서 이러한 종류의 중단은 단순한 골치 아픈 정도 이상의 문제입니다. 심지어 짧은 순간 연결이 끊긴 것도 심각한 소득이나 데이터의 중단을 초래할 수 있습니다.

하나님과 '온라인' 상태를 유지하는 방법은 매일 하나님을 구하고, 죄를 즉시 처리하며, 다른 크리스천들에게 책임을 지는 것입니다.

이것은 공식이 아니라, 하나님과의 연결을 열어 두고 기능적으로 유지하는 현명한 방법입니다. 하나님께서는 결코 당신에게서 자신의 뜻을 숨기려고 하지 않으십니다. 그분은 오히려 당신의 삶의 일부가 되기를 간절히 원하시고, 자신을 당신에게 나타내기를 원하십니다.

다음은 특정 결정을 내릴 때 도움이 될 수 있는 몇 가지 질문입니다. 성경적 지침인 이 질문에 대한 답이 '예' 또는 '아니오'인지 확인하십시오.

- 내 마음의 소망이 '나의 뜻이 아닌 아버지의 뜻이 이루어지는 것'인가요?
- 이로 인해 내가 하나님과 다른 사람을 더 사랑하게 될까요?
- 하나님의 말씀을 통해 그분이 나를 가르치고 자신을 나타내시기를 인내하며 기다리나요?

- 나 자신에게(그리고 내가 상담을 구한 다른 사람들에게) 완전히 정직한가요?
- 이것이 다른 사람을 전도하고 제자로 삼으려는 나의 열망을 증가시킬까요?
- 이것이 나를 '거룩하게' 만드는 것일까요?
- 이것이 나와 주님과의 관계를 성장시키고 그분을 위해 효과적으로 훈련을 받는 데 도움이 될까요?
- '모든 일에 감사하라'와 '성적인 유혹을 피하라'는 분명한 하나님의 뜻에 순종하고 있나요?
- 이 결정을 내리기 전에 다른 영역에서 하나님의 뜻을 보여 주셨나요? 순종해야 하나요?
- 최근에 하나님의 말씀에서 이와 관련된 것을 보여 주셨나요? 무엇인가요?
- 기도했나요?
- 다른 성숙한 그리스도인들에게 상담을 구했나요?
- 이 결정을 내리는 것에 대해 내면의 영적 평화가 있나요?

단, 이것을 하나님의 뜻을 찾기 위한 '체크리스트'로 사용하지 마세요. 이것들은 단지 원칙일 뿐이며, 당신의 마음을 살펴보고 삶의 모든 영역에서 무엇보다 먼저 하나님을 찾고 있는지, 단순히 결정을 내리는 과정에만 집중하지 않는지 평가하는 데 도움을 주기 위한 것입니다.

중요한 결정을 앞두고 있습니까? 그렇다면 그것이 무엇입니까?

....

....

다른 유익한 연습

지혜로운 인생 결정을 내리는 것은 우리 주변의 거짓말에서 진리를 분별하는 능력에 달려 있습니다. 하나님의 말씀은 모든 생각을 측정하는 기준이 되어야 합니다. 다음 표는 몇 가지 일반적인 거짓말과 성경에서의 대응 진리를 강조합니다.

거짓말	진리	성경 구절
본능을 믿으라	하나님을 신뢰하라	"너는 마음을 다하여 여호와를 신뢰하고 네 명철을 의지하지 말라"(잠 3:5).
자신을 믿으라	하나님을 믿으라	"나는 여호와라 나 외에 다른 이가 없나니 나 밖에 신이 없느니라 너는 나를 알지 못하였을지라도 나는 네 띠를 동일 것이요"(사 45:5).
직감을 따르라	하나님의 말씀을 따르라	"내가 네 갈 길을 가르쳐 보이고 너를 주목하여 훈계하리로다"(시 32:8).
네게 옳은 것을 하라	하나님 눈에 옳은 것을 하라	"내가 네게 명령하는 이 모든 말을 너는 듣고 지키라 네 하나님 여호와의 목전에 선과 의를 행하면 너와 네 후손에게 영구히 복이 있으리라"(신 12:28).
마음을 따라가라	하나님의 명령을 따르라	"만물보다 거짓되고 심히 부패한 것은 마음이라 누가 능히 이를 알리요마는"(렘 17:9).
믿으면 이루어진다	하나님이 원하시면 가능하다	"내게 능력 주시는 자 안에서 내가 모든 것을 할 수 있느니라"(빌 4:13).
외모가 중요하다	하나님은 내면을 보신다	"너희의 단장은 머리를 꾸미고 금을 차고 아름다운 옷을 입는 외모로 하지 말고 오직 마음에 숨은 사람을 온유하고 안정한 심령의 썩지 아니할 것으로 하라 이는 하나님 앞에 값진 것이니라"(벧전 3:3-4).
너 자신을 돌보라	하나님께서 돌보신다	"네 짐을 여호와께 맡기라 그가 너를 붙드시고 의인의 요동함을 영원히 허락하지 아니하시리로다"(시 55:22).

이번 과에서 당신의 삶에 영향을 준 것은 무엇입니까?

....

....

> ### 성구 암송: 인도의 확신
>
> "너는 마음을 다하여 여호와를 신뢰하고 네 명철을 의지하지 말라 너는 범사에 그를 인정하라 그리하면 네 길을 지도하시리라"(잠 3:5-6).

듣기: KNOWING THE WILL OF GOD by Walt Henrichsen
듣기: DISCOVERING THE WILL OF GOD by Stephen Davey

관련 자료

Knowing God, J. I. Packer
Just Do Something, Kevin DeYoung
Hearing God's Voice, Henry Blackaby
Scripture Memory Verses, Book 3

더 깊이 들어가기

이 섹션은 도전적인 질문, 오디오 추천, 자기 성찰 연습을 통해 조금 더 깊이 나아갈 수 있도록 돕기 위한 것입니다. 이 섹션은 선택 사항이므로 모두 사용하거나 일부를 사용하거나 또는 전혀 사용하지 않아도 됩니다.

생각하기: 당신의 삶에 대한 하나님의 뜻을 확실히 알고 있는 세 가지를 말해 보세요. 성경 구절에서 근거를 찾으세요.

……………………………………………………………………………………………………
……………………………………………………………………………………………………

관찰하기: 왜 사람들은 일상생활에서 더 열정적으로 하나님의 뜻을 분별하지 않을까요?

……………………………………………………………………………………………………
……………………………………………………………………………………………………

고려하기: 성경의 말씀을 통해 '하나님의 목소리'를 들은 적이 있습니까? 설명해 보세요.

....

....

인격을 갖춘 사람 되기

어떤 사람들은 이렇게 말합니다.

"인격은 편안하고 조용한 곳에서 개발되지 않습니다. 시련과 고난을 통해서 영혼이 강해지고, 비전이 명확해지며, 야망이 고취되고 성공이 이루어집니다." - 헬렌 켈러, 사회 활동가

"사람들이 우리가 전하려는 복음을 제대로 이해하려면, 먼저 그 복음이 우리 삶 속에서 실제로 살아 움직이고 있다는 것을 보아야 합니다. 우리가 아무리 많은 지식과

뛰어난 능력을 가지고 있어도, 인격적으로 부족하다면 그것들은 아무 소용이 없습니다. 실제로 어떤 TV 전도자들은 말과 기술은 매우 뛰어나지만, 그들의 인격적인 문제 때문에 결국 그 모든 것이 무너져 버렸습니다." - 짐 피터슨, 선교사

"사람들은 다른 사람들 앞에서는 결코 하지 않을 일조차 하나님 앞에서는 한다."
- 월트 헨릭슨, 성경 교사

"인격이란 어둠 속에서의 사람의 모습입니다." - 드와이트 무디, 목사 겸 대학 총장

"좋은 인격은 최고의 묘비입니다. 당신을 사랑했고 당신에게 도움을 준 사람들은 잊힐 때까지 당신을 기억할 것입니다. 이름을 돌에 새기지 말고, 마음에 새기십시오." 찰스 스펄전, 설교자

내부에서 외부로

우리는 지금 감시에 지나치게 의존하는 사회에 살고 있습니다. 사람들 사이의 신뢰는 점점 사라지고 있고, 그 불신을 보여주는 여러 증거들이 나타나고 있습니다. 우리는 거리의 교차로, 가게, 사무실, 심지어 집 안 곳곳에도 카메라를 설치합니다. 아이를 돌보는 사람이 믿을 만한지 확신이 서지 않는다면, 집에 카메라를 달아 감시하라고 권하는 시대입니다. 무엇을 보게 될지는 아무도 모르니까요.

모든 감시를 불필요하게 만들 오직 한 가지는 바로 인격입니다. 아무도 당신을 감시하지 않을 때 당신은 무엇을 하거나 말합니까? 그것이 당신의 인격입니다. 그것이 진정한 당신의 모습입니다. 우리의 인격을 살펴보는 것은 우리 자신에게 감시 카메라를 설치하는 것과 같습니다. 어제의 녹화물을 보면 어떻게 보일까요?

"결국 인격은 개인의 삶, 확대해서 국가적 차원에서도 핵심적인 요소입니다." - 시어도어 루즈벨트, 미국 대통령

번영

위에서 언급된 5개 인용문 중 하나를 선택하여 자신의 말로 다시 진술하십시오.

....
....

> **핵심 주제**
>
> 1. 인격이란 무엇입니까?
> 2. 왜 하나님은 인격을 개발하게 하십니까?
> 3. 하나님은 어떻게 인격을 개발하게 하십니까?
> 4. 인격 개발에서 나의 역할은 무엇입니까?

패스트푸드와 빠른 만족을 추구하는 세상입니다. 우리는 이번 주에 체중을 줄이고, 올해에 재산을 쌓고 싶어 합니다. 우리는 지금 당장 성과를 원합니다. 하지만 하룻밤 사이에 얻을 수 없는 것들도 있습니다. 그중 하나가 바로 인격입니다. 하나님은 우리 안에 강한 인격을, 명확한 가치관과 흔들리지 않는 정직함을 갖추기 원하십니다. 그러나 옛 자아는 새로운 사람으로 바뀌어야 하며, 아무리 급해도 사람은 하룻밤 사이에 성장할 수 없습니다.

1. 인격이란 무엇입니까?

인격이라는 단어는 때때로 다소 모호하게 느껴질 수 있습니다. 사전에서는 그것을 '도덕적 또는 윤리적 굳건함'으로 정의합니다. 그러나 기독교적 인격은 다릅니다. 하나님은 단지 도덕적으로 좋은 사람들을 만드는 것 이상을 원하십니다. 궁극적으로 하나님은 믿는 이들이 세상 앞에서 하나님의 성품을 드러낼 수 있는 사람들로 형성되기를 원하십니다. 인격이 무엇인지 알기 위해서는 먼저 하나님의 성품을 살펴보아야 합니다.

다음 구절에서 하나님의 성품에 대해 무엇을 배웁니까?

마태복음 5:48

....

디모데후서 2:13

....

베드로전서 1:16

....

다음 구절에서 그리스도인의 인격을 각각 다른 말씀으로 확인하십시오.

마태복음 5:8

....

마태복음 7:12

....

로마서 13:8

....

고린도전서 15:58

....

골로새서 3:13

....

야고보서 1:19

....

야고보서 2:8

....

베드로전서 5:5

....

우리는 아직 하나님의 성품에 대한 성경의 가르침을 많이 살펴보지는 않았습니다. 그러나 이러한 특성들을 살펴보면서, 하나님께서 우리가 어떤 사람이 되기를 원하시는가에 대한 더 큰 그림을 볼 수 있습니다. 하나님은 거룩하십니다. 이는 하나님이 완전히 완벽하시며, 창조물의 어떤 것과도 구별되어 있다는 뜻입니다. 그리고 하나님께서는 우리가 거룩하게 성장하기를 원하시는데, 그 이유는 하나님이 거룩하시기 때문입니다.

위에 나열한 특성들 중에서 가장 좋아하는 특성은 무엇인가요? 그리고 그 이유는 무엇인가요?

....
....

2. 왜 하나님은 인격을 개발하게 하십니까?

인간의 인격에 대한 첫 번째 시험은 창세기 2장과 3장에 기록되어 있습니다. 하나님은 아담과 하와를 창조하시고 그들에게 한계를 설정하셨습니다. 즉 지켜야 할 명령을 주신 것입니다. 그들은 그 시험에 실패했습니다. 그러나 하나님은 우리를 포기하지 않으셨습니다. 하나님은 여전히 우리 삶 속에 인격을 형성하는 관계와 한계를 세워 가십니다.

창세기 1:27에서 발견되는 하나님의 강한 인격에 대한 단서는 무엇입니까?

....
....

에베소서 4:22-24을 읽으십시오. 신자들은 하나님의 형상을 어떻게 반영해야 합니까?

....
....

그리스도 안에서 새로운 삶이 시작되면, 성령은 인격을 변화시키는 일을 시작합니다. 이 변화는 평생 계속되며, 하나님 아버지께 영광을 돌리는 결과를 가져옵니다. 이 과정은 '성화'라고 불리며, 오직 그리스도와 영원히 연합될 때 완성됩니다.

> "이같이 너희 빛이 사람 앞에 비치게 하여 그들로 너희 착한 행실을 보고 하늘에 계신 너희 아버지께 영광을 돌리게 하라"(마 5:16).

세상이 믿는 사람의 인격을 볼 때, 어떻게 하나님께 영광을 돌릴까요?

....
....

로마서 5:1-5은 인격 개발 과정을 설명합니다. 당신의 삶에서 이 과정을 어떻게 보았습니까?

....
....

로마서 12:1-2은 인격 개발 과정을 어떻게 보여 줍니까?

....
....

이 구절은 인격 형성을 다음 중 하나로 설명합니다. 무엇인가요?
- 개혁(Reformation)
- 순응(Conformation)
- 변화(Transformation)

형성 과정을 이렇게 설명하는 이유는 무엇일까요?

....
....

당신의 삶에서 하나님이 어떤 영역을 변화시키는 것을 어떻게 경험했습니까?

....
....

3. 어떻게 하나님은 인격을 개발하게 하십니까?

2007년, 인디애나폴리스 콜츠의 전 감독 토니 던지는 슈퍼볼에서 우승한 첫 번째 아프리카계 미국인 감독이 되었습니다. 그는 이렇게 말합니다.

"주님은 항상 계획을 가지고 계십니다. 우리가 보기엔 A, B, C처럼 계획이 착착 진행되어야 할 것 같지만, 꼭 그렇게 되지 않을 수도 있습니다. 그래도 그것이 바로 주님의 계획입니다. 큰일이 일어날 때, 우리가 기대한 방식은 아닐 수 있지만 하나님은 여전히 일하고 계십니다."

던지는 큰 성공을 경험했지만 깊은 고통도 겪었습니다. 그와 아내 로렌은 장남 제임스를 자살로 잃는 비극을 겪었습니다. 부모로서 상상할 수 없는 아픔이었지요.

그는 이렇게 말합니다.

"슬퍼하는 건 자연스러운 일이에요. 고통은 피할 수 없어요. 하지만 그 고통을 어떻게 받아들이고, 어떻게 반응할지는 우리의 선택입니다. 계속 싸워 나갈 수도 있고 주저앉을 수도 있지요. 고통을 완전히 없애 주는 약이나 방법은 없습니다. 하지만 우리는 그 속에서도 여전히 살아가고, 앞으로 나아갈 수 있다는 걸 깨닫게 됩니다."

던지는 이 비극 속에서도 하나님께서 자신과 가족을 통해 다른 사람들에게 모범이 되고 위로가 되도록 하셨다고 믿습니다. 하나님은 그 고통을 통해 일하고 계셨던 것입니다.

그는 이렇게 말합니다.

"슈퍼볼에서 우승하지 못할 수도 있고, 자녀들이 꼭 성공하지 않을 수도 있어요. 모든 게 완벽하지 않을 수 있습니다. 하지만 그렇다고 해서 하나님의 계획이 실패한 것은 아닙니다. 인생도 축구 시즌처럼 예상치 못한 일들이 생깁니다. 때론 손실을 회복해야 하고, 갑작스러운 문제를 마주할 수도 있지요. 그럴 때 우리는 그 안에서 길을 찾아야 합니다."

토니 던지의 이야기는 하나님께서 우리의 고통과 갈등을 통해 우리의 인격을 다듬어 가시는 과정을 보여 줍니다. 고난은 이 변화에 큰 영향을 주지만, 고난 외에도 많은 요소들이 함께 작용합니다.

영적 변화의 7가지 요소

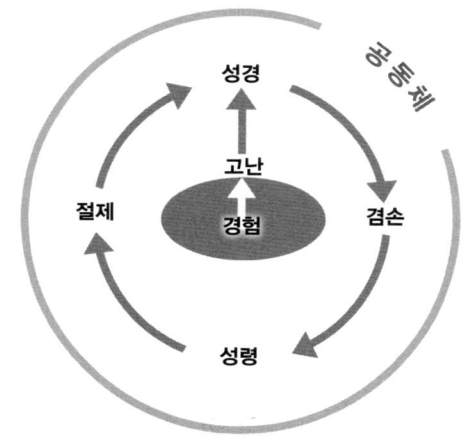

경험: 모든 삶의 경험은 하나님에 의해 인도되거나 적어도 허락됩니다. 당신의 경험은 하나님의 계획에서 매우 중요한 역할을 합니다.

고난: 고난은 중요한 인격 개발을 이끌어 냅니다. 하나님은 우리의 가장 어려운 시기에서 항상 좋은 것을 가져오실 것입니다.

성경: 성경은 영적 변화를 위한 직접적인 지침을 포함하고 있습니다.

겸손: 겸손은 영적 변화와 본질적으로 연결되어 있습니다.

성령: 성령은 당신 안에서 하나님의 욕구를 이루기 위해 일하십니다.

자기 통제: 하나님은 강제로 당신을 변화시키지 않으시므로, 당신이 자발적으로 그분께 통제권을 드려야 합니다.

공동체: 하나님은 사람들을 사용하여 사람들을 빚어 가십니다.

시험과 고난

야고보서 1:2-4을 읽으십시오. 우리가 직면하는 시험에 대해 야고보는 어떤 이유를 제시합니까?

고난을 통해 인격이 형성되는 이유는 무엇일까요?

고린도후서 12:7-10에서 바울은 자신의 고통에 대해 어떤 이유를 제시합니까?

당신이 경험한 고통은 무엇입니까?

하나님은 이를 통해 당신의 인격을 어떻게 발전시키셨습니까?

로마서 8:28-30은 우리의 모든 경험의 본질에 대해 무엇을 드러냅니까?

....
....

이 진리가 일상 생활을 바라보는 데 어떤 영향을 미칠 수 있을까요?

....
....

훈육

히브리서 12:7-11을 읽으십시오. 이 구절은 훈육을 어떻게 정의합니까?

....
....

훈육이 당신의 성장에 어떻게 영향을 미쳤습니까?

....
....

하나님의 훈육의 목표는 무엇입니까?

....
....

4. 인격 개발에서 나의 역할은 무엇입니까?

인격은 도덕적 강건함 또는 탁월함입니다. 이는 반대 영향에 직면했을 때의 용기입니다.

마태복음 23:27에서 예수님은 어떤 것에 더욱 관심을 나타내셨습니까?

....
....

잠언 26:24을 자신의 말로 다시 진술하십시오.

....
....

작은 것들이 왜 중요한가요? 설명해 주세요.

....
....

어떤 영역에서 완전히 정직하게 되기 위한 어려움을 겪고 있습니까?

....
....

영원의 관점

골로새서 3:1-4을 읽으십시오. 당신이 생각하는 땅의 것은 무엇입니까?

....
....

위의 것들을 생각하는 것은 땅의 것에 대한 생각에 어떻게 영향을 미칠까요?

....
....

책임

예레미야 17:9에 따르면, 우리는 왜 책임이 필요합니까?

....
....

책임 관계에 들어갈 의향이 있습니까? 누구와 함께하시겠습니까?

....
....

듣기: CHOOSING YOUR BATTLES - FIGHTING FOR CHARACTER BY CRAWFORD LORITTS

> **성경 암송: 변형, 순응하지 않음**
>
> "그러므로 형제들아 내가 하나님의 모든 자비하심으로 너희를 권하노니 너희 몸을 하나님이 기뻐하시는 거룩한 산 제물로 드리라 이는 너희가 드릴 영적 예배니라 너희는 이 세대를 본받지 말고 오직 마음을 새롭게 함으로 변화를 받아 하나님의 선하시고 기뻐하시고 온전하신 뜻이 무엇인지 분별하도록 하라"(롬 12:1-2).

관련 자료

When Godly People Do Ungodly Things, Beth Moore
Brokenness, Lon Soloman
Release of the Spirit, Watchman Nee
When People Are Big and God Is Small, Edward Welch
Scripture Memory Verses, Book 3

더 깊이 들어가기

이 섹션은 도전적인 질문, 오디오 추천, 자기 성찰 연습을 통해 조금 더 깊이 나아갈 수 있도록 돕기 위한 것입니다. 이 섹션은 선택 사항이므로 모두 사용하거나 일부를 사용하거나 또는 전혀 사용하지 않아도 됩니다.

생각하기: 하나님이 가장 바꾸고 싶어하시는 것은 당신 인격의 어떤 측면인가요?

....

....

관찰하기: 혼자 있을 때와 다른 사람들 앞에서의 행동이 어떻게 다른가요? 이것이 인격 문제를 나타내는 차이점이 있습니까?

....
....

고려하기: 당신 주변의 사람들은 당신의 인격에 어떤 변화가 있다고 말하나요?

....
....

04 관계

어떤 사람들은 이렇게 말합니다.

"이웃을 사랑하는 것보다 인류 전체를 사랑하는 것이 더 쉽다." - 에릭 호퍼, 작가

"때때로 나는 우리가 세계에서 가장 외로운 사람들이라는 생각이 든다." - 셔우드 앤더슨, 작가

"작은 공동체에 사는 사람은 오히려 더 넓은 세상을 살아갑니다. 왜냐하면 큰 공동체에서는 내가 어울릴 사람을 고를 수 있지만, 작은 공동체에서는 함께할 사람이 이미 정해져 있기 때문입니다. 그래서 다양한 사람들과 부딪히며 살아가야 하고, 그 속에서 더 많은 것을 배우게 됩니다." - G. K. 체스터튼, 영국 작가

"헨리 나우엔은 공동체란 "내가 가장 함께하기 싫어하는

사람이 항상 함께 있는 곳이다."라고 말했습니다. 우리는 보통 나와 잘 맞는 사람들, 함께 있고 싶은 사람들로만 둘러싸여서 모임을 만듭니다. 하지만 그런 모임은 공동체가 아니라 클럽이나 친목 모임일 뿐입니다. 누구나 클럽은 만들 수 있지만, 진짜 공동체를 만들려면 은혜, 공통된 비전, 그리고 많은 노력이 필요합니다." - 필립 얀시, 편집자 겸 작가

"결혼의 성공은 올바른 배우자를 찾는 것뿐만 아니라 올바른 배우자가 되는 데 있다." - 익명

분석가들은 우주에서 장기간 생활하는 우주비행사들에게 고립이 미치는 심리적 영향을 연구하기 시작했습니다. 우주 생활을 위험하게 만드는 것은 단지 무중력 상태나 장기간 우주에서 생활할 때 발생할 수 있는 근육 위축이나 골밀도 손실의 가능성만은 아닙니다. 단지 그런 환경에 있어서 생기는 것이 아닙니다.

문제는 바로 거기에 없는 것, 즉 사람들 때문입니다. 결과가 사람마다 측정 가능하거나 일관되지는 않지만, 한 가지는 분명합니다. 즉 우리는 다른 사람과의 단절 속에서 살아가도록 만들어진 존재가 아니라는 것입니다. 평생 동안은 더욱 그렇습니다.

우리는 공기, 음식, 물 없이는 살 수 없습니다. 또한 다른 사람 없이도 살 수 없습니다. 관계는 삶에 있어 필수적이며, 특히 기독교인의 삶에서는 더더욱 중요합니다. 우리의 영적 여정은 실질적으로 관계 속에서 드러납니다.

핵심 주제

1. 하늘 아버지와의 관계
2. 공동체의 필요성
3. 결혼(선택적 적용)

1. 하늘 아버지와의 관계

관계는 영적인 삶과 육신적인 삶의 중심입니다. 관계는 우리가 하나님을 사랑하는 마음의 중심에 있습니다. 왜냐하면 우리는 하나님 자신의 관계적 본성을 반영하기 때문입니다. 하나님은 우리가 하나님과의 친밀한 관계 속에서만 잘 기능하도록 창조하셨습니다. 제자 훈련의 관계에서 경험하려는 것이 바로 하나님과의 관계입니다. 우리가 성숙해짐에 따라 그것은 길러지고 양육되어야 합니다.

> "우정, 진정한 우정은 언제나 상대를 격려하고 끌어올립니다. 결코 끌어내리지 않습니다. 물론 때로는 무겁게 느껴질 수 있지만, 파괴적이지는 않습니다. 우정은 당신을 숲에서 벗어나 햇살이 가득한 초원으로 인도합니다." - 스투 웨버, 작가

그리스도인의 삶은 하나님과 관계를 맺은 후 조용히 머무르는 상태의 삶이 아닙니다. 정체되는 사람들도 있지만, 하나님의 바람은 우리가 성장하는 것입니다. 하나님은 우리가 하나님과의 교제를 통해 성장하고, 그 결과 하나님과의 친밀함을 누리는 것을 원하십니다. 이는 인생의 과정입니다. 단순히 도착 지점에 도달하는 것이 아닙니다. 결혼과 마찬가지로, 시간이 지남에 따라 그리고 경험을 통해 우리 주님과 더 깊이 사랑에 빠질 수 있습니다.

우리 주님과 더 깊이 사랑에 빠지는 것은 어떤 모습일까요?

....

....

이 영적 성장 또는 변화는 나를 향한 하나님의 추구로 시작됩니다. 하나님은 나와 관계를 맺기 위해 나를 추구합니다. 그분은 친밀함을 발전시키기 위해 나를 계속 추구합니다. 하나님은 상황, 갈등 및 시련을 사용하여 자신과 자신의 성품을 드러내는 방식으로 시작합니다.

우리 주변의 많은 문제 뒤에는, 진정한 공동체 안에서만 얻을 수 있는 생명력 없이는 견딜 수 없는 외롭고 고통스러운 영혼들이 있습니다. 현대 사회가 가장 시급하게 필요로 하는 것은 바로 '공동체'입니다. 단순한 모임이 아니라, 하나님의 마음이 살아 있는 진짜 공동체 말입니다.

그곳에서는 겸손하고 지혜로운 사람들이 조용히 다른 이들을 이끄는 법을 배우고, 상처받고 지친 사람들은 서로를 신뢰하며 함께 걸어갑니다. 그렇게 우리는 서로 기대며 진짜 삶의 여정을 함께하게 됩니다.

다른 사람과의 관계를 고려할 때 하나님과의 관계에서 시작하는 것이 왜 중요한가요?

....

....

2. 공동체의 필요성

"여호와 하나님이 이르시되 사람이 혼자 사는 것이 좋지 아니하니 내가 그를 위하여 돕는 배필을 지으리라 하시니라"(창 2:18).

성경의 첫 페이지에서부터 우리는 사람들이 공동체를 필요로 한다는 사실을 봅니다. 우리는 하나님과의 관계 속에서 살도록 설계되었으며, 동시에 다른 사람과의 관계 속에 살도록 설계되었습니다. 창세기 1:27은 "하나님이 자기 형상 곧 하나님의 형상대로 사람을 창조하시되 남자와 여자를 창조하시고"라고 말합니다.

우리들, 특별히 우리의 관계적 정체성에는 창조주를 닮은 무언가가 있습니다. 이전 장에서 논의한 것처럼, 성경은 우리 창조주를 한 하나님이며 세 인격체로 계시합니다. 아버지, 아들, 성령 - 삼위일체로 각 인격체는 독립적이면서도 하나님의 존재 속에서 동시에 존재합니다. 실제로 예수님이 세례(막 1:9-11) 받는 동안 우리는 삼위일체의 모든 구성원이 함께 나타나는 것을 목격합니다. 공동체는 하나님의 인격에서 그 본질을 끌어냅니다. 삼위일체는 공동체의 원형입니다.

당신은 언제 관계나 공동체에 대한 깊은 갈망을 느껴 보았나요? 왜 하나님은 우리가 혼자서는 살 수 없고 다른 사람을 필요로 하는 존재로 만드셨다고 생각하나요?

....

....

> "그리스도께서 사람을 구원하실 때, 그분은 사람을 죄에서만 구원하지 않으시고 고독에서도 구원하십니다." - 프랭크 콜크혼, Total Christianity

하나님께서 우리를 관계적 존재로 창조하셨다면, 왜 우리는 관계에서 그렇게 많은 어려움을 겪는 걸까요? 대부분의 가정에는 관계의 역학이 마치 폭죽처럼 터져 버리는 이야기가 하나쯤은 있습니다. 성경은 관계를 발전시키는 것에 대해 많은 말씀을 하고 있습니다. 신약성경에는 '서로'에 대해 언급한 구절이 70개가 넘습니다. 여기 그 중 몇 가지를 소개합니다.

- 서로 사랑하라(요 13:34-35).
- 서로 섬기라(갈 5:13).
- 서로 친절하게 하라(엡 4:32).
- 서로 복종하라(엡 5:21).
- 서로 참으며 용서하라(골 3:13).

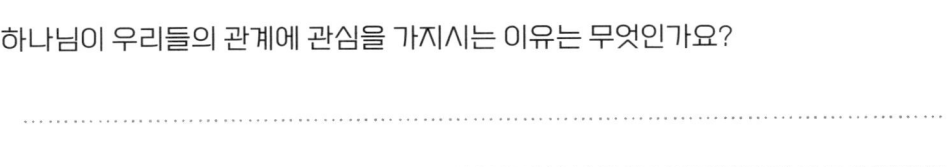

하나님이 우리들의 관계에 관심을 가지시는 이유는 무엇인가요?

....

....

새로운 종류의 가족

관계라는 주제가 주어지면 우리는 즉시 배우자, 부모, 형제자매, 자녀, 사촌 또는 다른 친척들을 떠올릴 수 있습니다. 인간 가족 구성원과의 관계는 분명히 우리가 인생에서 경험하는 가장 중요한 관계 중 일부입니다. 성경은 가족 관계의 중요성을 인정하고 강조하며, 예수님도 어머니를 향한 사랑과 관심을 보여 주심으로써 이를 모범으로 삼으셨습니다(요 19:26-27). 그러나 예수님이 성경에서 묘사하신 가족은 법적이거나 생물학적인 관계에 국한되지 않습니다.

마태복음 12: 46-50을 읽어 보세요. 예수님의 혈육 가족이 그를 찾으러 왔을 때, 예수님은 누가 자신의 참된 가족이라고 말씀하셨나요? 예수님은 자신의 참된 가족에 속한 사람들이 무엇을 할 것이라고 말씀하시나요?

....

....

요한일서 3:1을 읽어 보세요. 이 구절에서 그리스도인들은 무엇이라고 불리나요? 이 진리가 하나님과의 관계에서 어떤 의미를 가지나요? 다른 그리스도인과의 관계에서는 어떤 의미를 가지나요?

....

....

하나님께서 영적 가족에 중요성을 두시는 것을 통해 무엇을 배울 수 있나요? 당신의 행동은 당신의 영적 가족에 대한 큰 사랑과 관심을 보여 주고 있나요?

....

....

매우 실질적인 방식으로 그리스도 안의 신자들 간의 유대는 형제나 배우자 간의 유대보다 더 커야 합니다. 하나님은 그의 공동체인 교회 안에서 모든 믿는 자들이 삶의 위상이나 나이에 관계없이 사랑하는 가족이 되도록 설계하셨습니다.

이사야 56:4-5을 읽어 보세요. 이 구절에서 하나님은 가족이나 자녀가 없는 사람들에게 어떤 약속을 하십니까? 오늘날 결혼하지 않거나 자녀가 없는 사람들에게 이 구절이 어떤 희망을 줄 수 있을까요?

....
....

"공동체는 항상 달콤하고 편한 것만은 아닙니다. 공동체는 기쁨과 슬픔을 숨기지 않고 솔직하게 나누며, 서로에게 희망을 전하는 사람들이 함께하는 자리입니다. 그곳에서 우리는 이렇게 말합니다. "인생은 얻는 것과 잃는 것, 기쁨과 슬픔, 오르내림으로 가득하지만, 혼자서 이 모든 것을 감당할 필요는 없습니다." 우리는 함께 잔을 나누며, 각자의 상처가 혼자 있을 때는 견디기 힘들지만 서로 돌보고 함께할 때 치유가 된다는 사실을 기억합니다." – 헨리 나우웬

헨리 나우웬의 말에 대해 당신은 어떻게 생각하나요?

....
....

왜 공동체가 어려운가요?

....
....

"하나님께서 여러 지체가 함께하도록 하신 것이 정말 아름답다고 생각합니다. 저는 제 강점만큼 제 약점도 필요합니다. 왜냐하면 제 약점이 없으면 저는 여러분이 필요 없기 때문입니다. 그리고 만약 제가 여러분을 필요로 하지 않는다면, 관계의 부족 때문에 저는 훨씬 더 가난해질 것입니다. 그래서 몸이 이렇게 구성된 방식에 진정한 아름다움이 있습니다. 우리는 우리의 약점 때문에 스스로를 낮추어서는 안 됩니다.

우리는 그것에 대해 감사해야 합니다. 왜냐하면 그것이 우리를 몸 안에서 하나로 묶는 접착제이기 때문입니다. 저는 제가 가지지 않은 것에 대해 감사해야 합니다. 왜냐하면 그것이 우리가 아니면 가지지 못할 관계의 유대감을 만들어 주기 때문입니다." - 짐 피터슨, 네비게이토 선교회

피터슨의 발언에서 중요한 점은 무엇인가요?

....
....

제2차 세계대전 중 나치 독일에서 활동한 신학자이자 목사인 디트리히 본회퍼는 다음과 같이 썼습니다.

"기독교 공동체에서 약하고 하찮은 사람들, 겉보기에 쓸모없는 사람들을 배제하는 것은 실제로 그리스도를 배제하는 것일 수 있다. 가난한 형제 안에서 그리스도가 문을 두드리고 계신다. 약한 자를 제거하는 것은 교제의 죽음이다."

우리는 이 원칙을 어떻게 위반합니까?

....
....

작은 존재를 소중히 여기는 태도가 당신의 삶과 세상을 어떻게 변화시킬 수 있습니까?

....
....

혼자 있는 것

우리가 본 것처럼, 기독교 공동체는 때때로 도전적일 수 있지만, 그리스도를 믿는

사람들에게는 그런 모습이 필수적입니다. 그러나 공동체가 항상 최선일까요? 디트리히 본회퍼는 함께 있는 삶에서 이렇게 제안합니다.

"자신이 혼자 있는 것을 견딜 수 없는 기독교인도 있다… 도피하기 위해 공동체에 들어가는 사람은 그 어떤 형태로 보든지 공동체를 오용하는 것이다… 혼자 있을 수 없는 사람은 공동체를 경계해야 한다. 그는 자신과 공동체에 해만 끼칠 뿐이다."

잘못된 동기로 공동체에 들어갈 때 우리가 직면하는 위험은 무엇인가요?

....

....

누가복음 5:15-16에서, 다른 사람들과 시간을 보내는 것과 하나님과 시간을 보내는 것에 대해 예수님의 모범에서 무엇을 배울 수 있을까요?

....

....

예수님은 모든 하나님의 명령을 두 가지 관계 중심의 명령으로 요약하셨습니다.

"네 마음을 다하고 목숨을 다하고 뜻을 다하고 힘을 다하여 주 너의 하나님을 사랑하라 하신 것이요 둘째는 이것이니 네 이웃을 네 자신과 같이 사랑하라 하신 것이라 이보다 더 큰 계명이 없느니라"(막 12:30-31).

정말 간단해 보입니다. 그렇지 않나요? 대부분의 사람들은 첫 번째 부분인 "너희는 마음을 다하고 목숨을 다하고 뜻을 다하여 주 너의 하나님을 사랑하라"는 말에는 괜찮다고 생각합니다. 하지만 문제는 우리가 독립적이고 자립적이며 통제하려는 성향을 버려야 할 때 생깁니다.

예수님은 우리에게 진정한 관계의 중요성을 보여 주셨습니다. 예수님은 열두 명의 사람에게 그를 따르라고 요청하셨습니다. 3년 동안 계속해서 24시간 함께 살도록 그들을 부르셨습니다. 예수님은 엉망인 열두 명의 제자들과 관계를 맺으시면서 어떻게 공동체로 살아가는지 본보기를 보이셨습니다. 예수님은 그분의 사람들이 하나님과 서로 간의 관계의 중요성을 이해하기를 원하십니다. 이 관계들은 도전적이고 복잡하며 고통스러울 수 있습니다. 용서받았지만, 우리는 여전히 때때로 추악한 모습으로 나타나는 죄의 본성을 가지고 있습니다.

골로새서 3:12-17과 에베소서 4:29을 읽고 이 구절들을 적용하면 공동체 경험에 어떤 영향을 미칠까요?

사람들이 기독교인과 관계를 주저하는 이유는 무엇인가요? 무엇이 당신을 그들로부터 멀어지게 했나요?

히브리서 10:19-25에서, 세 가지 '우리가 할 것'은 무엇인가요? 각각에 대한 당신의 역할은 무엇인가요?

당신은 하나님과 사람에 대한 사랑에서 성장하도록 창조되었습니다. 하나님은 우리에게 함께 생활하기를 원하신다는 것을 보여 주셨습니다. 하나님이 원하시는 관계는 돌보고, 수용하고, 북돋우는 안전한 관계로 함께 성장하면서 서로를 격려하는 것입니다.

"처음으로 기독교 공동체에 들어온 진지한 기독교인은, 기독교 공동체 생활이 어떻게 되어야 하는지에 대해 아주 확실한 생각을 가지고 있을 가능성이 큽니다. 그리고 그 생각을 실현하려고 할 것입니다. 하지만 하나님의 은혜는 이런 꿈을 빠르게 깨뜨립니다. 그런 실망과 불행하고 추한 측면들을 직면하는 공동체만이 하나님의 눈에 보기에 마땅한 공동체가 되기 시작합니다. 이 실망의 충격이 개인과 공동체에게 빨리 닥칠수록 모든 사람에게 더 좋습니다." – 디트리히 본회퍼, 함께 사는 삶

당신의 관계에서 예수님의 사랑을 어떻게 보여 줄 수 있나요?

3. 결혼 (선택적 적용)

필요 이해

결혼은 본질적으로 하나 됨입니다. 매우 다른 두 사람이 영, 혼, 육에서 하나가 되기 위해 함께하는 것입니다. 그러나 하나 됨이 동일함을 의미하나요? 각자 자신의 개성을 잃고 두 사람이 서로의 거울 이미지가 되는 것을 의미하는 것일까요? 건강한 결혼은 통일된 전체를  위해 개인의 필요와 욕망이 제거되는 것일까요? 그것이 하나님이 의도인가요?

에베소서 5:31은 결혼에서 하나 됨에 대해 무엇을 말하고 있습니까?

에베소서 5:33은 남편과 아내가 서로의 필요를 충족시킬 것을 촉구합니다. 그 필요는 무엇인가요? 당신은 배우자의 필요를 충족시키기 위하여 어떻게 하고 있나요?

....
....

발견과 대화

당신의 배우자의 가장 중요한 다섯 가지 필요를 적어 보세요. 이제 배우자에게 그의 필요를 목록으로 작성하게 하십시오. 두 목록에 겹치는 부분이 있나요? 무엇을 발견했나요? 어떤 필요를 놓쳤나요?

표현된 각 필요에 대해 그 필요를 충족시키는 것이 무엇인지 설명해 보세요.

....
....

차이점 이해

"상반된 것들이 서로 끌린다"라는 말이 오랫동안 전해져 왔습니다. 하지만 결혼 후에는 상반된 것들이 종종 공격의 빌미가 됩니다. 하나님은 우리 각자를 독특하고 매우 다르게 창조하셨습니다. 하나님께서 남성과 여성을 신체적, 정신적, 감정적으로 다르게 창조하셨습니다. 이것은 우리의 차이점 중 일부에 불과합니다. 이러한 차이점들은 크고 작게 우리 삶에 갈등의 주요한 원인이 될 수 있습니다. 이 자극에 대한 우리의 반응은 쉽게 불평, 논쟁, 또는 후회로 이어질 수 있습니다.

당신과 배우자 간의 차이점에 대해 말해 보세요. 이러한 차이점으로 인해 어떤 어려움이 발생했나요? 다음의 각 역할에 대해 당신은 배우자를 얼마나 잘 이해하고 있나요? 더 잘 이해하기 위해 무엇을 할 수 있을까요?

성격(예: '관계 지향적' 또는 '일 지향적', 의사소통에서 '직접적' 또는 '간접적' 등)

....
....

가족 배경

....
....

영적 여정

"남편들아 이와 같이 지식을 따라 너희 아내와 동거하고 그를 더 연약한 그릇이요 또 생명의 은혜를 함께 이어받을 자로 알아 귀히 여기라 이는 너희 기도가 막히지 아니하게 하려 함이라"(벧전 3:7).

남편이 상대의 필요를 이해하고 충족시키는 데 주도권을 갖는 것이 왜 중요한가요?

....
....

하나님은 에덴 동산에서 우리와 관계를 시작하셨습니다. 그는 또한 그리스도의 십자가 죽음을 통해 우리에게 용서의 필요를 충족시키는 일을 시작하셨습니다. 우리는 하나님께서 우리에게 하신 사랑의 행위에 응답해야 합니다. 이 영적 원칙은 결혼에도 적용됩니다. 남편은 아내의 필요를 충족시키는 주도권을 갖고, 아내는 남편의 필요를 충족시킴으로써 응답할 것입니다.

이 구절은 서로의 차이를 이해하는 것에 대해 무엇을 말하고 있나요? 그 이해가 우리에게 어떤 변화를 가져올까요?

....

....

남편이 아내를 이해하지 못하고 존중하지 못하면 어떤 결과가 발생할까요?

....

....

사랑의 언어

의사소통은 단순히 대화를 나누는 것 이상입니다. 연구에 따르면 의사소통의 7%만이 언어적인 요소이며, 대부분의 표현은 비언어적 요소(행동, 목소리 톤 등)로 이루어집니다. 우리 대부분은 사랑을 받는 데 있어 '특화된 방식'이나 선호하는 주요 방법이 있습니다. 결혼 생활에서 겪는 어려움 중 하나는 배우자의 이러한 특화된 방식을 이해하거나 알지 못한다는 점입니다. 우리는 종종 자신의 필요를 배우자의 필요로 착각하여 자신이 받고 싶은 방식으로 배우자를 사랑하려고 합니다.

당신이 선호하는 사랑의 언어는 무엇인가요? 아래의 표에 당신이 선호하는 주요 및 부차적인 사랑의 언어를 표시하세요. 그런 다음, 배우자의 주요 및 부차적인 사랑의 언어를 추측하여 적어 보세요. 이후, 이 결과를 배우자와 공유하세요.

가치 있는 시간	
실행	함께 있기
행동	단둘이 있는 시간, 데이트
당신	
당신의 배우자	

선물	
실행	선물하기
행동	꽃, 카드
당신	
당신의 배우자	

스킨십	
실행	스킨십
행동	등 마사지, 손 잡기
당신	
당신의 배우자	

봉사	
실행	봉사하기
행동	집안일 목록
당신	
당신의 배우자	

관계	
실행	챙겨 주기
행동	대화
당신	
당신의 배우자	

격려	
실행	격려하기
행동	칭찬, 격려하기
당신	
당신의 배우자	

(게리 채프먼의 《5가지 사랑의 언어》 중에서)

당신의 응답을 배우자와 공유하십시오.

어떤 말이나 사례가 당신의 배우자가 당신의 사랑의 언어를 더 잘 이해하도록 도와줄 수 있을까요?

....
....

배우자에게 더 효과적으로 사랑을 표현할 수 있는 방법은 무엇인가요?

....
....

관계에 가장 중요한 열 가지 필요

- 수용: 호의적이고 긍정적인 반응으로 의도적으로 그리고 기꺼이 받아들이는 것
- 애정: 신체 접촉을 통해 돌봄과 친밀함을 전달하는 것
- 감사: 말과 감정을 통해 소통하며, 상대방에 대한 개인적인 감사함을 표현하는 것, 단어와 감정으로 전달하기, 개인적인 감사함을 표현하기
- 승인: 긍정적 표현과 잘 생각하고 말하는 것
- 격려: 목표를 향해 전진하도록 긍정적으로 용기를 북돋아 주는 것
- 존경: 높이 평가해 주고 존경하고, 높은 가치를 인정해 주는 것
- 안전: 화평, 관계의 조화에 대한 자신감, 안전을 지켜 주는 것
- 지원: 함께하며 문제, 어려움을 나누는 것
- 관심: 돌봄, 다른 사람을 배려하고 적절한 관심과 지원을 전달하는 것
- 위로: 공감, 말과 감정의 접촉으로 함께하는 것과 부드럽게 위로하는 것

(결혼과 가족 친밀감 센터, 데이비드 퍼거슨)

당신의 배우자의 필요에 대해 어떤 것을 발견했습니까?

....
....

당신의 필요에 대해 무엇을 발견했나요?

....
....

이것이 부부 관계에 어떻게 도움이 될 수 있다고 생각합니까?

....
....

배우자와 함께 기도하는 것이 어렵다고 느낍니까? 그렇다면 왜 그럴까요?

....
....

요약

- 창세기 2:18-20에서 말하는 '그를 위한 돕는 배필'이라는 개념은 서로를 지지하는 연합 관계를 뜻하며, 결코 한쪽이 다른 쪽보다 열등하다는 말이 아닙니다. 외로움은 동반자 관계와 완전함으로 대체되었으며, 이것이 바로 하나님께서 설계하신 결혼의 핵심입니다.
- 창세기 2:23-25은 결혼이 상호 헌신, 지원, 존중의 영구적인 언약 관계로 설계되었음을 가르칩니다.
- 결혼 문제의 대부분은 창세기 2:24에 나오는 말씀처럼, '떠남'의 실패, '연합'의 실

패, 또는 '한 몸'의 관계를 이루지 못한 데에서 비롯됩니다.

- 결혼 관계에서 남편이 아내를 기쁘게 하고 섬기는 것에 관심을 갖는 것이 적절하며, 아내는 남편을 기쁘게 하고 섬기는 것을 원해야 합니다(고전 7:3-5, 33-34). 결혼에서 가장 큰 문제는 상대방만 생각하거나, 나 자신만 챙기는 마음입니다. 하지만 진정한 사랑은 나 자신을 돌아보고, 상대방이 필요한 것을 도와주는 것입니다.

- 만약 우리가 우리의 배우자에게 우리의 개인적인 가치 필요를 충족시키도록 기대한다면, 우리는 그들이 결코 제공할 수 없는 것을 얻기 위해 관계를 착취하고 있는 것입니다. 그러나 우리가 그리스도를 바라보고 우리의 필요가 그분 안에서 완전히 충족된다는 진리로 우리의 마음을 매일 새롭게 한다면, 우리는 배우자를 비현실적인 요구로부터 해방시키고 좌절이 아닌 만족을 얻게 될 것입니다.
- 배우자를 위해 할 수 있는 가장 좋은 일은 예수님을 더 사랑하는 것입니다. 배우자보다 예수님을 더 사랑한다면, 배우자를 더 사랑할 수 있습니다. 영혼의 차원에서의 연합은 결혼에서의 육체적 연합의 기초를 제공합니다.(켄 보아, 그분의 형상으로 변형됨)

듣기: FAMILY LIFE BY DENNIS RAINEY

성구 암송: 관계

"인자가 온 것은 섬김을 받으려 함이 아니라 도리어 섬기려 하고 자기 목숨을 많은 사람의 대속물로 주려 함이니라"(막 10:45 ESV).

관련 자료

The Language of Love, Dr. Gary Smalley
The Five Love Languages, Dr. Gary Chapman
Love & Respect, Dr. Emerson Eggerichs
Locking Arms, Stu Weber
Scripture Memory Verses, Book 3

더 깊이 들어가기

이 섹션은 도전적인 질문, 오디오 추천, 자기 성찰 연습을 통해 조금 더 깊이 나아갈 수 있도록 돕기 위한 것입니다. 이 섹션은 선택 사항이므로 모두 사용하거나 일부를 사용하거나 또는 전혀 사용하지 않아도 됩니다.

생각하기: 5년 후, 10년 후, 50년 후에 당신에게 가장 중요한 관계는 무엇일까요?

관찰하기: 당신의 어떤 관계에서 갈등을 겪을 가능성이 제일 높은지요?

고려하기: 왜 사람들은 종종 어려움을 통해 유대관계가 더 깊어질까요? 또 때로는 그것이 왜 그들을 파괴할까요?

05 하나님 나라의 관점

삶을 다르게 바라보기

어느 날, 한 맹인이 건물 계단에 앉아 발치에 모자를 두고 "나는 맹인입니다. 도와주세요"라고 적힌 팻말을 내놓고 있었습니다. 지나가던 창의적인 광고인이 이를 보고 멈춰 서서 상황을 살펴보았습니다. 그는 맹인의 모자에 동전 몇 개만 들어있는 것을 보고 동전을 더 넣은 뒤, 허락을 구하지 않고 팻말을 가져가 내용을 다시 썼습니다. 그리고 팻말을 맹인에게 돌려주고 자리를 떠났습니다.

그날 오후, 광고인은 다시 맹인 곁을 지나가다 모자가 지폐와 동전으로 가득 찬 것을 발견했습니다. 맹인은 그의 발자국 소리를 알아차리고 팻말을 다시 쓴 사람이 었는지를 물으며 무엇을 썼는지 물었습니다. 광고인은 이렇게 대답했습니다.

"사실 그대로를 썼습니다. 다만 조금 다르게 표현했을 뿐입니다."

그러고는 미소를 지으며 자리를 떠났습니다. 새로운 팻말에는 이렇게 적혀 있었습니다.

"오늘은 봄입니다. 하

지만 나는 그것을 볼 수 없습니다."

예수님께서는 하나님의 나라와 사람, 자원을 바라보는 하나님의 관점을 가르치셨습니다. 우리가 세상을 다르게 볼 수 있기를 원하셨기 때문입니다.

어떤 사람들은 이렇게 말합니다.

"하나님의 가족으로서 함께 살아가는 우리의 모습은 세상에서 아주 중요한 역할을 합니다. 앞에서 말했듯이, 우리가 세상 속에서 빛이 되는 이유는 바로 이 공동체의 특별한 모습 때문입니다. 그래서 우리가 세상으로 흩어질 때는, 서로 돌보고 힘이 되어 주는 형제자매의 지원이 그 어느 때보다 더 필요합니다." - 짐 피터슨, 선교사 및 작가

"당신이 최근에 마태복음 16:18을 성경에서 잘라내지 않았다면, 그것은 여전히 예수님이 하신 말씀 그대로입니다. 그것은 교회가 여전히 예수님의 개인적인 계획이며 ('내가 내 교회를 세우리라') 또한 그것이 영원할 것이라는 무조건적인 약속을 포함하고 있습니다." - 찰스 스윈돌, 목사 및 작가

"잃을 수 없는 것을 얻기 위해 잃을 수 있는 것을 포기하는 사람은 어리석지 않습니다." - 짐 엘리엇, 선교사

"좋은 인격은 가장 멋진 유산입니다. 당신을 사랑하고 당신에게 도움을 받았던 사람들은 시간이 지나도 당신을 기억할 것입니다. 이름을 돌에 새기기보다 사람들의 마음에 남기세요." - 찰스 스펄전, 설교자

"그는 재산을 소유한 것이 아니라, 재산이 그를 소유하고 있다." - 벤저민 프랭클린, 발명가 및 정치가

> 핵심 주제
>
> 1. 하나님 나라 사고방식
> 2. 나는 교회와 어떻게 관계를 맺어야 할까요?
> 3. 번영과 성공
> 4. 청지기

1. 하나님 나라 사고방식

"하나님과 모든 것을 가진 사람은 하나님만 가진 사람보다 더 많은 것을 가진 것이 아니다." – C.S. 루이스, 작가

그리스도는 하나님의 나라에 대해 많이 가르치셨고, 그 나라가 오기를 기도하셨습니다. 그리스도는 우리의 사고방식과 삶의 방식을 변혁시키기 위해 노력하셨고, 우리가 하나님의 관점에서 삶을 바라보도록 도전하셨습니다.

하나님 나라 사고방식의 본질은 하나님이 주관하신다는 것입니다. 하나님은 우리 주변에서 일하고 계시며, 우리는 우리의 계획과 활동에 대해 하나님의 도움을 구하는 대신 하나님께 순종하도록 해야 합니다.

"너무 하나님 나라를 생각하는 것은 세상과는 맞지가 않다"라는 말을 들어 본 적이 있을 겁니다. 이것은 하나님을 따르는 사람을 바라보는 세상의 관점입니다. 그 사람의 우선순위는 더 많은 것, 더 많은 권력, 더 나은 지위가 삶의 전부라고 생각하는 사회의 가치관과 반대됩니다.

하나님이 보시는 성공, 가치, 목적, 지위는 다릅니다. '하나님 나라 사고방식'을 이해하려면, 하나님이 각 사람을 어떻게 만드셨고, 그분의 목적과 계획을 이루기 위해 어떻게 디자인하셨는지 이해해야 합니다. 성공에 대한 하나님의 정의는 하나님을 알고 사랑하며, 왜 자신이 창조되었는지를 이해하는 것입니다.

더 많이 이해할수록 내 자아 속의 옛 사람과 하나님께서 원하시는 영적 사람 사

이에 더 많은 갈등을 경험할 것입니다.

사도 바울과 다른 그리스도인들은 그리스도께 순복하고 그리스도를 아는 여정을 시작하면서 하나님 나라 사고방식을 갖게 되었습니다. 다음 구절을 읽고 질문을 고려하십시오:

- 누가복음 9:24
- 로마서 14:17-18
- 골로새서 3:23-24
- 베드로전서 3:15-16
- 누가복음 16:15
- 갈라디아서 1:10
- 고린도전서 5:9-11
- 베드로전서 5:6-7

기쁨	
세속적 또는 종교적 사고방식	삶의 목표는 즐거움과 기쁨이다. 먹고 마시고 즐겨라. 인생은 한 번뿐이다.
그리스도적/ 하나님 나라 사고방식	하나님을 위해 사는 것이 기쁨의 원천이며, 우리의 기쁨은 그분 안에서 완전해진다.

어떤 성경 구절이 이 기쁨을 나타냅니까?

....

....

사람들의 인정과 승인	
세속적 또는 종교적 사고방식	사람들의 인정과 승인을 얻는 것이 중요하다. 우리는 적절한 자존감을 가져야 한다. 우리는 우리의 성취에 대해 인정받아야 한다.
그리스도적/ 하나님 나라 사고방식	하나님의 승인을 구하는 것이 진정으로 중요하며, 다른 사람을 섬기는 것이 섬김 받는 것보다 더 가치 있다.

어떤 성경 구절이 사람들의 인정과 승인을 나타냅니까?

....

....

인기	
세속적 또는 종교적 사고방식	모든 것은 당신이 누구를 알고, 누가 당신을 알아 주는가에 달려 있다.
그리스도적/ 하나님 나라 사고방식	우리는 종이 되어야 한다.

어떤 성경 구절이 인기를 말합니까?

....

....

부와 지위	
세속적 또는 종교적 사고방식	당신은 최고를 누릴 자격이 있다. 재정 상태가 당신의 가치를 결정한다. 당신의 지위는 당신이 누구인지를 나타낸다.
그리스도적/ 하나님 나라 사고방식	하나님의 계획에서 우리의 보상과 면류관은, 이 생의 끝에, 우리가 하나님을 위해 살고 그분의 법규에 따라 살았는지에 따라 주어진다.

어떤 성경 구절이 부와 지위를 나타냅니까?

....

....

권력	
세속적 또는 종교적 사고방식	사람들의 인정과 승인을 얻는 것이 중요하다. 우리는 적절한 자존감을 가져야 한다. 우리는 우리의 성취에 대해 인정받아야 한다.
그리스도적/ 하나님 나라 사고방식	하나님의 승인을 구하는 것이 진정으로 중요하며, 다른 사람을 섬기는 것이 섬김 받는 것보다 더 가치 있다.

어떤 성경 구절이 권력을 나타냅니까?

....
....

	하나님을 모르는 사람들과의 관계
세속적 또는 종교적 사고방식	죄인들과 잘못된 일을 하는 사람들을 멀리하라.
그리스도적/ 하나님 나라 사고방식	우리는 잃어버린 자들 가운데 살아야 한다. 우리는 그들과 떨어져 살지 말고 그들 사이에서 살며 그들의 영혼을 구해야 한다. 잃어버린 자들이 주요 삶의 초점이다.

어떤 성경 구절이 하나님을 모르는 사람들과의 관계를 나타냅니까?

....
....

	당신의 신앙 나누기
세속적 또는 종교적 사고방식	하나님에 대한 믿음은 개인적인 것이며, 다른 사람들에게 권면하지 말아야 한다. 누구에게도 불쾌감을 주지 말아야 한다.
그리스도적/ 하나님 나라 사고방식	당신은 당신의 간증을 나눌 준비를 해야 하며, 하나님의 사랑의 본보기로서 삶을 살아야 한다.

어떤 성경 구절이 당신의 신앙을 나누는 것을 나타냅니까?

....
....

	일/일터
세속적 또는 종교적 사고방식	최소한의 일로 최대한 많이 수익을 얻어라.
그리스도적/하나님 나라 사고방식	그리스도 안에서 탁월함을 나타내기 위해 최선을 다하라. 무엇을 하든지 하나님의 영광을 위해서 하라.

어떤 성경 구절이 일을 나타냅니까?

....
....

하나님 나라 사고방식을 가지고 일상을 사는 것은 무엇을 의미하나요?

....
....

이 땅에서의 당신의 삶이 영원한 세계에 어떤 차이를 만들 수 있습니까?

....
....

다른 친구들과 인생의 영원한 목적에 대한 당신의 생각을 논의하십시오. 그들의 생각을 적어 보십시오. 그들의 관점이 당신의 관점과 어떻게 비교될까요? 그것이 당신이 읽은 성경 구절과 어떻게 비교되나요?

....
....

2. 나는 교회와 어떻게 관계를 맺어야 할까요?

교회라는 말을 들으면 무엇이 떠오르나요?

....
....

교회를 찾기 위해

교회들은 다양한 모양과 크기, 건축 양식, 교파, 평판 및 사회적 입장을 가지고, 골목마다 하나씩 있는 것처럼 보입니다. 음악도 다르고, 복장도 다릅니다. '교회'라는 것은 무엇일까요? '교회'라는 용어는 다양한 방식으로 사용되기 때문에 새로운 그리스도인들에게 혼란스러울 수 있습니다. 신약 성경에서 '교회'라는 그리스어 단어는 그리스도의 몸을 구성하는 모든 신자를 의미합니다. 그러나 기독교인들은 이 용어를 자신들이 예배하고 영적으로 성장하는 지역 신앙 공동체를 나타내는 데 사용합니다. 또한 종종 '교회'라는 단어를 물리적 건물이나 기관을 나타내는 데 사용합니다. 우리가 개인으로서 지역 공동체의 일부인 것처럼, 지역 공동체와 모든 우주적 신자들은 더 큰 그리스도의 몸의 지체입니다.

디모데전서 3:15에서 교회는 어떻게 묘사되고 있습니까?

....
....

에베소서 5:23에 따르면 교회의 지도자는 누구인가요? 그 이유는 무엇인가요?

....
....

에베소서 1:22-23에서 교회는 어떻게 묘사됩니까?

....
....

누군가가 교회의 일부가 되려면 어떻게 해야 하나요?

....

....

'서로'

신약 성경은 교회를 통해 서로에게 사역을 설명하는 일련의 '서로'에 관한 말씀을 제공합니다. 아래 성경구절에서 말하는 서로는 무엇인지 써보세요.

로마서 15:7

....

갈라디아서 5:13

....

갈라디아서 6:2

....

에베소서 4:2

....

교회는 외부적으로 불신자를 찾아 나서고, 내부적으로는 자신의 구성원을 포용합니다.
성경은 우리에게 건전한 교리를 유지하고, 우리의 은사를 사용하여 몸 된 교회를 세우며, 신자들을 보호하고 목양하고, 끊임없이 서로를 격려하여 모든 잠재력을 발휘하도록 교훈합니다. 그리스도에게 충실하고 헌신하라는 것입니다. 이러한 일을 하는 그리스도인은 결코 위선자가 되지 않을 것입니다. 그는 교회에서뿐만 아니라 그의 삶에서도 번영할 것입니다.

좋은 교회를 분별하기

당신의 도시에는 교회가 많을 가능성이 큽니다. 어떻게 하면 당신과 당신의 가족에게 적합한 교회를 찾을 수 있을까요?

첫째, 현재 지역 교회나 모임에 속해 있다면, 위에서 공부한 성경의 렌즈를 통해 이 공동체를 조망해 보세요. 당신의 양육자에게 질문하고 이야기해 보세요. 새로운 교회를 찾고 있다면, 신뢰할 수 있는 신자들이 추천하는 여러 교회를 방문해 보세요. 가르침이 비성경적이지만 않다면, 설교의 수준이나 예배의 구성 요소에만 의존해 결정을 내리지 마세요.

그 교회의 활동 및 사역 유형을 검토해 보세요. 활발한 성경 공부가 있습니까? 구성원들이 전도에 참여하고 있습니까? 가족 전체의 필요를 충족시키기 위한 역동적이고 깊이 있는 사역이 있습니까? 교회가 그 지역 사회의 필요를 효과적으로 섬기고 있습니까? 마음에 든다면, 목회자나 사역자들과 약속을 잡아 이야기해 보세요. 그 교회의 교리적 입장을 물어 보세요. 성경의 무오성, 그리스도의 완전한 신성과 인성, 그리스도의 부활과 재림, 그리고 중생의 삶과 사역을 지지하는 목회자를 찾아보세요.

〈공동체나 교회의 절대적인 기본 사항〉
1) 유일한 하나님은 영원히 성부, 성자 및 성령, 세 인격으로 존재하십니다.
2) 예수님은 완전한 하나님이시며 완전한 사람이십니다.
3) 예수님은 동정녀 마리아에게서 태어나셨습니다.

4) 예수님은 죽은 자 가운데서 부활하시고, 하늘로 승천하셨으며 다시 오실 것입니다.

5) 예수님은 교회의 머리이자 권위입니다.

6) 구원은 오직 예수 그리스도를 통해서만 발견됩니다.

7) 교회의 교리와 실천의 유일한 권위는 성경이며, 성경은 하나님의 영감으로 기록되었고, 무오하고, 오류가 없으며, 전적으로 신뢰할 수 있습니다.

주의할 것이 있습니다. 새로운 교회를 찾고 있다면, 특히 당신의 가족이 이미 다른 교회에 참여하고 있다면, 결정을 천천히 내리세요. 배우자와 자녀들과도 충분히 기도하고 의논하세요.

"이 진리의 또 다른 차원은 공동체입니다. 몸 된 공동체는 '사랑 안에서 자라납니다.' 요한이 사용한 코이노니아(κοινωνία)는 공동체 안에서의 삶을 의미합니다. 몸의 삶은 24시간, 7일이며, 우리의 활동 전체를 포괄합니다. 우리가 신자로서 삶을 살아갈 때, 우리는 서로를 주의 깊게 섬기고 모든 영역에서 경건을 향해 서로를 격려해야 합니다. 초대교회 시절에 신자들이 세상과 구별되는 공동체를 형성했을 때, 함께 모이는 시간은 모든 것을 함께하는 그들의 삶에 있어 빙산의 일각에 불과할 뿐이었습니다." - 짐 피터슨, 라이프스타일 제자도

3. 번영과 성공

우리는 종종 삶의 성공과 번영을 눈에 보이는 숫자로 측정하려는 경향이 있습니다. 높은 연봉, 넓은 집, 고급 자동차, 그리고 해외여행 사진이 우리의 성공과 사회적 지위를 보여 준다고 생각합니다. 하지만 이것은 더 긴 근무 시간, 증가하는 스트레스, 가족과의 단절이라는 대가를 치르기도 합니다. 물질적인 성공이 커질수록 우리 내면의 결핍은 더 크게 느껴질 수도 있습니다.

이런 외적인 성취가 정말 우리의 행복과 만족을 담보할 수 있을까요?

진정한 성공은 숫자로 계산되지 않습니다. 성공은 우리가 다른 사람에게 준 영향력, 추억 속에 남은 웃음, 그리고 하루가 끝났을 때 느끼는 마음의 평화에 있습니다.

우리는 성공과 번영의 척도를 다시 정의해야 합니다. 무게를 재는 저울이 아니라, 마음을 비추는 거울이어야 합니다.

번영을 어떻게 정의할 수 있을까요? 성공은 무엇일까요?

....
....

대부분의 사람들에게 성공과 번영은 어떤 모습일까요?

....
....

이것이 하나님이 보시는 방식과 어떻게 다를까요?

....
....

당신이 가진 물건이 아닌, 당신이 가지고 있지만 돈으로는 바꿀 수 없는 것들로 부를 측정해 보세요.

우리 문화에서 성공은 다른 사람과의 비교로 측정됩니다. 이 유형의 성공은 달성하기 어려운데, 언제나 다른 사람이 기준이 되며, 측정 잣대는 외부 결과에 기반하고, 성공에 이르는 기간은 늘 짧기 때문입니다. 세상은 종종 성공을 소유, 지위 또는 권력의 측면에서 정의합니다. 다른 사람과의 비교는 쉽게 집착으로 발전될 수 있습니다.

성공에 대해 다음의 성경구절은 무엇을 말하고 있나요?

예레미야 9:23-24

....

디모데전서 6:9-10

....

얼마나 많은 돈이 있어야 당신이 안전하다고 느낄까요? 또는 성공적인가요?

....
....

성공에 대한 하나님의 관점은 세상의 것과 많이 다릅니다. 그분은 기준을 세우십니다. 그분은 우리의 마음과 태도를 외적인 성취만큼 중요하게 생각하십니다. 그리고 '최근에 무엇을 했니?'가 아니라 영원의 관점에서 우리 삶을 바라보십니다.

마태복음 6:26-33은 성공의 열쇠에 대해 무엇을 말하고 있나요?

....
....

"내가 궁핍하므로 말하는 것이 아니니라 어떠한 형편에든지 나는 자족하기를 배웠노니 나는 비천에 처할 줄도 알고 풍부에 처할 줄도 알아 모든 일 곧 배부름과 배고픔과 풍부와 궁핍에도 처할 줄 아는 일체의 비결을 배웠노라 내게 능력 주시는 자 안에서 내가 모든 것을 할 수 있느니라"(빌 4:11-13).

만족은 하나님의 관점에서 삶을 사는 열쇠입니다. 빌립보서 4:11-13은 만족에 대해 무엇을 가르치나요?

....
....

이것이 당신에게 어떻게 적용되나요?

....
....

만족은 내가 원하는 것을 가지는 것이 아니라, 내가 가진 것을 원하는 마음가짐입니다. 그것은 물질적인 풍요나 결핍에서 오는 것이 아니라, 정신적인 태도로 형성됩니다. 우리는 태어날 때부터 만족을 가지고 태어나지 않으며, 오히려 배워야 하는 태도입니다.

당신은 얼마나 만족하나요?

....
....

만족의 반대는 강박입니다. 이것은 우리 문화의 전염병과도 같습니다. 우리는 무언가를 소유하고, '누군가'가 되기 위해 강박에 사로잡혀 살아갑니다. 강박이란 끊임없는 압박 속에서 사는 것을 의미하며, 그 압박이 미묘하지만 끊이지 않는 치통처럼 늘 존재합니다.

만족은 평안과 자유를 가져옵니다. 이 평안은 걱정과 불안을 막아 주며, 어려움 속에서도 삶의 닻이 되어 줍니다. 만족에서 오는 자유는 소유물에 얽매이지 않는 것과 더 많이 가지려는 강박에서 벗어나는 데서 옵니다. 만족은 우리가 더 많이 성찰하고, 우리의 삶을 다른 이들의 삶에 투자할 수 있게 합니다. 매일의 치열한 생존 경쟁을 초월하는 의미 있는 일에 시간과 에너지, 자원을 쏟을 수 있도록 해줍니다.

당신 개인에게 있어 만족이란 어떤 모습일까요?

....

....

4. 청지기

청지기로서의 삶은 인생에서 아주 중요한 개념 중 하나입니다. 하나님과 함께하는 여정을 걷다 보면, 어느 순간 이런 깨달음에 이르게 됩니다. "진짜 내 것이란 아무것도 없구나." 모든 것이 하나님의 것이고, 내가 가지고 있는 것조차도 하나님께서 맡기신 것이라는 사실을 알게 되는 것이죠.

> "여호와여 위대하심과 권능과 영광과 승리와 위엄이 다 주께 속하였사오니 천지에 있는 것이 다 주의 것이로소이다 여호와여 주권도 주께 속하였사오니 주는 높으사 만물의 머리이심이니이다 부와 귀가 주께로 말미암고 또 주는 만물의 주재가 되사 손에 권세와 능력이 있사오니 모든 사람을 크게 하심과 강하게 하심이 주의 손에 있나이다"(대상 29:11-12).

"하나님이 모든 것을 소유하고 계시며 나는 그의 재산 관리자일 뿐이다." - 랜디 알콘, 작가

이 구절들은 소유물에 대한 당신의 관점과 어떻게 비교되나요?

....
....

학개서 2:8을 읽으세요. 이 구절이 당신에게 어떻게 적용될까요?

....
....

이 구절들을 고려할 때 어떤 변화를 해야 할까요?

....
....

청지기는 주인의 권한 아래에 있는 관리자로, 주인의 모든 소유물을 완전히 책임집니다.

고린도전서 4:2을 읽으세요. 청지기로서 우리에게 요구되는 조건은 무엇인가요?

....
....

소유자보다는 청지기가 되는 것이 왜 중요한가요?

....
....

마태복음 25:14-21의 달란트 비유를 읽으세요. '충성된'이라는 말에는 어떤 책임이 따르나요?

....
....

중성된다는 것은 당신에게 무엇을 의미하나요?

....
....

그리스도가 우리 삶을 통치하실 때, 우리는 하나님께서 우리에게 맡기신 자원을 더 잘 분별하여 배분할 수 있습니다. 그리스도를 따르는 사람으로서, 우리는 청지기적 사고방식을 받아들여야 합니다. 우리는 아무것도 소유하지 않습니다. 청지기는 다른 이의 소유물을 관리합니다. 이처럼 주님이 모든 것을 소유하시며, 우리는 그분의 사업에 종사하여 세상에서 그분을 섬기고 대표하는 역할을 합니다.

삶의 어느 분야에서 청지기로서 역할을 하고 있나요?

....
....

청지기의 역할을 잘 수행하고 하나님께 영광을 돌리기 위해 무엇이 필요할까요?

....
....

청지기는 보통 시간, 재능 그리고 재물의 측면에서 설명됩니다(세 번째, 재물 항목에 가장 중점을 둡니다). 켄 보아는 그의 책 《하나님의 형상으로 변화됨》에서 청지기의 두 가지 다른 범주, 진리와 관계를 추가합니다. 이것들은 현재 하늘과 땅의 파괴를 견디고 새 하늘과 새 땅으로 들어갈 두 가지입니다. 그렇다면 우리는 시간, 재능, 재물의 일시적인 재화를 지혜롭게 사용하여 우리의 관계 속에서 진리를 재생산해야 합니다.

고린도후서 9:6-7을 읽으세요. 우리의 기부에 대한 태도는 어떠해야 하나요? 또 어떠해서는 안 되나요?

....
....

잠언 3:9을 고려하세요. 하나님을 먼저 존중하는 것이 왜 중요한가요?

....
....

잠언 11:24-25을 읽고 기부에 대한 이상적인 태도를 설명하세요.

....
....

하나님께 드리는 것은 마음의 문제입니다. 그것은 다른 사람들의 필요를 채우기 위한 친절과 관대함의 행위입니다. 주는 것에는 돈이 포함될 수 있지만, 그것에만 국한되지 않습니다. 세상의 관점에서 주는 것은 종종 인정을 받거나, 물건에 이름을 새기거나, 수혜자에 대한 통제와 영향력을 가지는 결과를 초래합니다. 주는 것에는 종종 숨은 동기가 있습니다.

당신은 주는 것을 즐거워하나요? 그렇다면 왜 그렇고, 아니면 왜 그렇지 않나요?

....
....

진정한 기부자는 인정이나 보상을 받지 않고 행동하는 것을 좋아합니다. 이러한 종류의 주는 것은 좋은 영향을 주고 싶어하는 태도에서 비롯되며, 주목을 받거나 되돌려 받기를 원하지 않습니다. 이와 같이 주는 것은 하나님께서 우리에게 주시는 방식이 반영된 것입니다. 하나님은 우리의 돈보다 우리의 마음을 원하십니다. 하나님께서 우리의 마음을 가지셨을 때, 주는 것은 그분의 선하심에 대한 응답입니다. 기쁨, 희생, 신실하게 주는 것의 긍정적인 점은, 우리가 자신에게 집중하는 것보다는 하나님의 우선순위에 맞춰 우리의 우선순위를 정할 수 있다는 점입니다.

현재의 당신의 기부 방식은 어떤가요?

듣기: A LIFE WELL SPENT BY RUSS CROSSON

성구 암송: 왕국의 관점

"여호와여 위대하심과 권능과 영광과 승리와 위엄이 다 주께 속하였사오니 천지에 있는 것이 다 주의 것이로소이다 여호와여 주권도 주께 속하였사오니 주는 높으사 만물의 머리이심이니이다 부와 귀가 주께로 말미암고 또 주는 만물의 주재가 되사 손에 권세와 능력이 있사오니 모든 사람을 크게 하심과 강하게 하심이 주의 손에 있나이다"(대상 29:11-12).

관련 자료

- Scripture Memory Verses, Book 3
- Crown Financial Ministries, www.crown.org

- Your Money Counts, Howard Dayton
- Heaven, Randy Alcorn

더 깊이 들어가기

이 섹션은 도전적인 질문, 오디오 추천, 자기 성찰 연습을 통해 조금 더 깊이 나아갈 수 있도록 돕기 위한 것입니다. 이 섹션은 선택 사항이므로 모두 사용하거나 일부를 사용하거나 또는 전혀 사용하지 않아도 됩니다.

생각하기: 당신의 소유물 중 무엇이 하나님의 소유임을 인정하는 것이 가장 쉬운가요? 왜 그렇습니까?

....
....

관찰하기: 하나님이 당신의 삶에서 주실 생활 수준에 대한 기본 기대는 무엇인가요? 당신의 상황이 다른 계획을 드러낸다면 어떻게 반응할까요?

....
....

고려하기: 당신의 삶의 어느 측면에서 하나님의 소유권을 인정하는 것이 가장 어려운가요? 왜 그런가요?

....
....

06 인사이더의 소명

1997년에 비극적으로 사망한 다이애나 전 왕세자비는 여전히 많은 사람들의 관심을 끌고 있습니다. 왕실과 관련된 책들이 거의 100권이 되는데, 그중 절반 이상이 다이애나 전 왕세자비에 관한 것입니다. 가장 인기 있는 책들은 핵심관계자, 곧 인사이더(Insider)들이 쓴 '모든 것을 밝히는' 책들입니다. 궁전의 집사, 유모, 가족 친구들은 실제로 윈저 성이나 켄싱턴 궁전에서 생활했던 사람들이기 때문에 그들의 책은 출판시장에서 우위를 점하고 있습니다. 그들은 바로 내부 정보를 가지고 있기 때문입니다. 사람들은 영화 스타들이 어떻게 사는지, 백만장자들이 어떻게 재산을 모았는지, 메이저리그 클럽하우스에서의 생활이 어떠한지 알고 싶어 합니다.

많은 기독교인들은 종종 하나님 나라의 인사이더가 된다는 것이 세상에서는 아웃사이더가 된다는 뜻이라고 오해합니다. 그러나 실제로 우리는 세상의 '밖'이 아니라 그 '안'으로 부름 받은 사람들입니다.

"내가 비옵는 것은 그들을 세상에서 데려가시기를 위함이 아니요 다만 악에 빠지지 않게 보전하시기를 위함이니이다 내가 세상에 속하지 아니함같이 그들도 세상에 속하지 아니하였사옵나이다"(요 17:15-16).

어떤 사람들은 이렇게 말합니다.

"제자도의 여정에서 가장 먼저 던져야 할 질문 중 하나는 '나는 어디에서 섬길 것인가?'입니다. 우리는 믿지 않는 세상 속에서 그리스도를 섬기는 인사이더로 부름 받았습니다. 그러나 인사이더로서의 정체성과 역할을 잃어버린 채 살아가는 경우가 많습니다. 그렇게 되면, 우리만이 감당할 수 있는 고유한 사명과 자리를 스스로 포기하는 것입니다." – 짐 피터슨, 선교사 겸 저자

"'우발적으로 기독교인이 되는 것'은 불가능합니다. 기독교의 사실은 압도적인 최우선순위이거나, 아니면 아무것도 아닙니다. 이것은 비기독교인들이 기독교인을 싫어하는 이유를 시사합니다. 비기독교인의 삶에는 압도적인 첫 번째가 없고 많은 균형이 있기 때문입니다." – 셸던 바나우켄, 작가

"그리스도가 어제 죽고, 오늘 무덤에서 부활하고, 내일 다시 오실 것처럼 살라." – 테오도어 앱, 성경 교사

"올리버 크롬웰이 통치하던 시절, 영국 정부는 동전을 주조할 은이 부족했습니다. 크롬웰은 부하들에게 지역 대성당을 조사해 귀금속을 찾아오라고 지시했고, 그들은 이렇게 보고했습니다. "우리가 찾은 은은 성인들의 동상뿐입니다." 그러자 크롬웰은 주저 없이 말했습니다. "좋소! 그 성인들을 녹여서 세상에 다시 유통시키시오!" 이 말은 단순히 물질적인 조치 그 이상을 의미합니다. 즉, 교회 안에만 머물러 있는 성인(聖人)들이 아니라, 세상 속에서 실제로 쓰임 받고 영향을 미치는 믿음의 사람이어야 한다는 도전이 담겨 있는 것입니다." – 찰스 스윈돌, 작가

> 핵심 주제
>
> 1. 인사이더란?
> 2. 어떻게 인사이더가 될 수 있습니까?
> 3. 인사이더로서 어떻게 살아야 합니까?
> 4. 인사이더의 비전은 무엇입니까?

1. 인사이더란?

안에서 바깥으로

짐 피터슨은 그의 책 《라이프스타일 제자도》에서 "불신자 세계와 연결하는 우리의 기본 전략이 변해야 할 것이다"라고 주장합니다. 과거에는 교회 문을 열면 세상이 우리에게 올 것이라고 가정했습니다. 그것이 사실이었던 때도 있지만, 이제는 더 이상 그렇지 않습니다. 우리는 세상을 변화시키기 위해 여기 있는 것이 아니라 잃어버린 자들을 위해 여기 있습니다.

많은 사람들이 자신의 신앙을 나누고 싶다고 말하지만, 실제로 어떻게 해야 할지 몰라 망설입니다. 19세기 복음 전도자 드와이트 무디에게 한 여성이 다가가 그의 전도 방식이 마음에 들지 않는다고 말했습니다. 그러자 무디는 이렇게 대답했습니다.

"사실 나도 내 방식이 완벽하다고 생각하진 않아요. 그런데 당신은 어떤 방법을 사용하시나요?"

그녀가 "저는 방법이 없어요"라고 하자, 무디는 이렇게 말했습니다.

"그럼 나는 내 방법을 선호합니다."

이 일화는 완벽한 방법을 기다리기보다, 불완전하더라도 지금 있는 자리에서 복음을 전하는 것이 중요하다는 점을 보여 줍니다.

또한 '인사이더'(Insider)라는 표현은 단순히 교회 안의 사람을 말하는 것이 아닙니다. 세상 속에서 살아가되 세상의 가치에 물들지 않는 사람을 의미합니다. 즉, 하나님 나라의 시민이면서도 세상 한가운데에서 복음을 드러내는 사명을 가진 사람입니다.

우리의 궁극적인 인사이더는 예수님이십니다. 그분으로부터 모든 것이 시작됩니다.

빌립보서 2:5-8을 함께 읽어 보세요.
당신은 이 구절에서 예수님이 세상에서 인사이더로서 어떤 모습을 보이셨다고 생각하나요?

5절은 우리가 그 태도를 본받아야 한다면 무엇을 의미한다고 생각합니까?

예수님에 대해 알고 있는 사실에서, 그분은 세상에서 어떻게 인사이더로서 기능했습니까?

바울은 고린도전서 9:19-23에서 자신의 '인사이더' 역할을 어떻게 설명합니까? (19절, 22절에서 설명된 목표는 무엇인가요?)

공통점의 원칙

고린도전서 9:19-23을 살펴보세요. 바울이 그가 전하려는 사람들과 관계를 맺을 때 유연하게 행동했음을 어떻게 알 수 있습니까?

....

....

공통점을 찾기 위한 방법

당신의 삶에서, 세상 사람들과 자연스럽게 연결될 수 있는 장소나 활동은 어디인가요? 예를 들어 테니스, 골프, 캠핑, 음악 콘서트, 사냥, 극장 관람, 수영, 보트 타기, 외식, 헬스장, 달리기, 정원 가꾸기, 가정에서의 여가 시간, 자녀의 활동, 스포츠 행사, 지역 단체 참여, 쇼핑, 공예 등 다양한 영역이 있을 수 있습니다.

예수님은 신성을 가지셨지만, 자신을 낮추어 세상 사람들과 삶을 함께하셨습니다. 바울도 마찬가지였습니다. 그는 자랑스러운 바리새인이자 로마 시민이었지만 '모든 사람에게 모든 것'이 되기를 선택했습니다.

하나님은 때로 우리가 익숙한 자리에서 떠나도록 부르십니다. 바울 역시 나중에는 유대 사회의 인사이더 자리를 내려놓고 이방인들을 위한 사도로 부르심을 받았습니다. 그러나 그가 어디에 있든, 그는 항상 믿지 않는 사람들과 깊이 교제하며 복음을 전했습니다.

'인사이더'란, 세상 속에서 살아가지만 세상의 가치에 속하지 않은 사람을 의미합니다. 진정한 인사이더는 자신이 사는 곳과 일하는 곳이 하나님이 정하신 고유한 선교지임을 깨닫고, 그곳에서 복음을 살아 냅니다.

2. 어떻게 인사이더가 될 수 있습니까?

말은 쉽지만 실제로 실행하는 건 어려운 일이죠! 요한일서 2:15에서는 세상을 사랑하지 말라고 합니다. 고린도후서 6:14에서는 빛이 어둠과 교제하지 않는다고도 말씀하고요. 만약 그리스도가 정말 우리를 변화시킨다면, 우리는 어떻게 세상 속의 인사이더가 될 수 있을까요?

고린도전서 7:17, 20, 26을 읽으세요. 세 번 반복된 명령은 무엇입니까?

....
....

하나님이 우리를 찾으실 때, 그는 일반적으로 우리가 있는 곳에 우리를 두신다고 바울은 말합니다. 우리의 일이나 지위 자체가 하나님께 특별히 기쁨이 되지 않는 경우(예: 범죄 행위, 또는 바울의 경우 신자들을 박해하는 것)를 제외하고는, 우리는 그 자리를 유지하고 하나님을 위해 그것을 사용해야 합니다.

당신의 행동은 베드로전서 2:12과 어떻게 일치합니까?

....
....

데살로니가전서 4:7이 우리 삶에 어떻게 적용됩니까?

....
....

예수님은 마태복음 5:13-16에서 세상과의 관계를 묘사하기 위해 두 개의 단어 그림을 사용합니다. 이것이 당신의 삶에서 어떻게 보일까요?

....

....

현장으로 나가기

우리 세상이 큰 경기장이라면, 너무 많은 그리스도인들이 관중석에서 보고만 있습니다. 실제 경기는 경기장에서 벌어집니다. 많은 사람들은 감정적으로 관객이 되어 하나님의 일을 응원하고, 팀이 경기에서 잘못하면 화를 내기도 합니다. 그러나 하나님은 우리를 값싼 자리에 앉히시는 것이 아니라, 경기가 끝날 때까지 실제 경기에 뛰어들도록 부르십니다.

3. 인사이더로서 어떻게 살아야 합니까?

피곤한 여행자

해외여행을 해 보았나요? 집으로 돌아왔을 때 느껴지는 편안함과 안도감은 참 특별하죠. 다른 나라에서는 낯선 언어, 문화, 생활방식 때문에 크고 작은 어려움을 겪기 마련입니다. 아무리 흥미로운 여행이라도 피곤함과 외로움이 함께 따라올 수 있습니다.

영적인 관점에서, 그리스도인의 삶은 이와 비슷합니다. 우리는 천국 시민(빌 3:20)으로서 이 땅이라는 낯선 곳에서 잠시 머무는 나그네입니다. 그래서 우리는 천국처럼 편안한 환경, 즉 믿음의 공동체 안에 머물고 싶어질 때가 많습니다.

다른 사람에게 그리스도를 전하고 그들이 스스로 예수님을 갈망하도록 만드는 가장 좋은 방법은, 그들 앞에서 일관되고 사랑이 넘치며 그리스도 중심적인 삶을 살아가는 것입니다. 좋은 친구가 되고, 좋은 청취자가 되며, 주변 사람들의 필요에 세심히 주의를 기울이고 도덕적으로 올바르게 행동한다면, 사람들은 당신이 전하는 그리스도의 이야기에 귀를 기울일 것입니다. 왜냐하면 당신 안에 있는 뭔가 진정으로 특별한 것이 있다는 것을 느낄 것이기 때문입니다.

요한복음 17:20-23을 읽으세요. 예수님은 제자들을 위해 무엇을 기도합니까(21절)?

이것이 우리가 인사이더로서 세상에서 살아가도록 어떻게 도울 수 있습니까?

요한복음 17:23에 따르면, 우리는 어떤 방식으로 아버지와 아들로 식별됩니까?

초대교회의 신자들은 인사이더로서 그들의 세계에 극적인 영향을 미쳤습니다. 사도행전 2:41-47을 읽고 그들의 교제를 설명하세요. 그 결과는 무엇이었습니까?

수적인 힘

진정한 기독교 공동체는, 우리 안에 거하는 그리스도의 실존이 그러하듯이, 세상에 사는 우리를 강화시키고 지속하게 합니다. 우리는 우리의 활동과 관계를 그리스도의 목적을 위해 활용하고 다른 사람들에게 다가가기 위해 함께 팀을 이루어야 합니다.

우리의 활동과 관계를 그리스도를 위해 어떻게 활용할 수 있습니까?

....
....

직장이나 이웃 속에서 계속 머물며 사람들과 어울리는 것이, 어떻게 복음을 전할 기회를 제공할 수 있을까요?

....
....

예수님에 대해 나누기 위해, 당신이 활용할 수 있는 구체적인 활동이나 관계에는 어떤 것들이 있을까요?

....
....

팀 구성

그리스도를 전하는 가장 좋은 방법 중 하나는, 당신이 전하려는 사람들의 관계 안에 당신의 친구들을 함께 초대하는 것입니다. 함께 저녁을 먹고, 스포츠 경기에 가고, 서로 도우면서 자연스럽게 교제할 수 있죠. 그들은 당신과 친구들 안에서 그리스도가 살아 계신다는 사실을 직접 경험하며 큰 감동을 받습니다. 또한 그리스도가 모든 인간관계와 일상생활, 심지어 즐거움의 중심에 있음을 보게 됩니다.

직장이나 이웃에서 긍정적인 증인이 되기 위해 팀을 이룰 수 있는 사람은 누구입니까?

....
....

그리스도를 알고 싶어 하는 사람들과 친구들을 참여시키기 위해 무엇을 할 수 있습니까?

....
....

4. 인사이더의 비전은 무엇입니까?

힘든 일을 오래 견뎌 낸 경험이 있나요? 그때 무엇이 당신을 버티게 했나요? 아마도 미래에 대한 비전이었을 것입니다. 도달하고 싶은 목표가 있었고, 희망을 걸 수 있는 무언가가 있었죠. 히브리서 11:1은 이런 믿음을 이렇게 표현합니다. "믿음은 바라는 것들의 실상이요 보이지 않는 것들의 증거"라고요. 세상 속에서 인사이더로 살아가려면, 바로 이런 비전과 믿음이 꼭 필요합니다.

예수님이 승천하기 직전에 마태복음 28:19-20에서 비전을 말씀하셨습니다. 그를 믿는 자들을 위한 비전은 무엇입니까?

....
....

골로새서 1:28-29에서 바울의 비전은 무엇입니까?

....

....

그러므로 우리의 비전은 세계에 도달하는 것입니다. 그 목표를 달성하기 위해 우리는 어떻게 해야 합니까?

....

....

요한복음 15:5에서 예수님은 열매를 맺는 것에 대해 말씀하십니다. 열매를 맺는 열쇠는 무엇입니까?

....

....

순조로운 항해

의심할 여지없이, 기독교인들은 격동의 물결을 항해하도록 부름 받았습니다. 아무리 훌륭한 배라도 나침반이 필요하듯이, 우리는 항상 우리의 방향을 바르게 유지해야 합니다. 우리와 세상을 향한 하나님의 비전을 유지함으로 그렇게 할 수 있습니다.

우리는 영적 군인으로서 세상에서 우리의 위치를 고수해야 합니다. 차이를 만들기 위해서는 인사이더로 남아 있어야 합니다. 이를 위해서 그리스도인은 교제의 단결을 유지하고, 삶에서 여유를 유지하며, 대위임령으로 알려진 그리스도은 비전 앞에 항상 있어야 합니다.

무엇보다도, 우리가 그리스도를 우리 안에 살게 하면, 하나님은 이 세상을 위한 그분의 목적을 이루시는 도구로 우리를 사용하실 것입니다.

인사이더의 인벤토리 작성

당신의 삶의 영역에서 여러 환경과 사람들을 살펴보면서, 하나님께서 당신에게 맡기신 인사이더로서의 자리를 확인할 수 있습니다. 이것이 하나님께서 당신에게 주신 작은 영역이라고 생각해 보세요.

다음과 같은 범주와 당신이 아는 사람들 중에서, 하나님께서 소금과 빛이 되라고 부르신 사람들은 누구일까요?

가정에서:

....

다른 사람들과 함께:

....

직장에서:

....

다른 장소에서:

....

이웃에서:

....

친구들과 사회적 관계에서:

....

Life On Life 기도 카드에 누구를 추가해야 할까요?

....

....

근소한 성공

만약 당신이 앞으로 3년만 살 수 있다면 어떨까요? 그리고 그 3년 동안 당신의 인생의 과업을 완수해야 할 뿐만 아니라, 인류의 역사를 바꿔야 한다고 한다면요? 당신은 눈에 띌 정도로 절박한 태도를 보일까요? 훨씬 분주하고 바쁘게 움직이며 살까요?

예수님은 이러한 조건에서 사셨음을 생각해 보세요. 그는 자신의 운명을 이해하고 받아들였으며 그의 추종자들에게 분명히 알렸습니다. 하지만 여기서 이상한 점은, 예수님은 어디에서도 급하게 보이지 않았다는 것입니다. 그는 항상 길에서 만난 사람들을 위해 시간을 가졌습니다. 기도하고 혼자 있을 시간을 찾았습니다. 그는 당신이나 나보다 더 차분하고 통제된 상태였습니다.

다음에서 당신의 삶의 다양한 영역에서의 여유, 즉 얼마나 여유 있는 상태로 운영되고 있는지 평가해 보세요. 당신의 책임과 한계를 이해하면서, 이러한 영역에서 하나님을 섬기기 위해 남은 여유가 얼마나 되나요? 연료 게이지를 상상하여 연료가 가득 찬 상태인지, 아니면 비어 있는 상태인지 또는 그 사이 어디쯤 있는지를 검토하세요. 여유(margin)가 있어야 필요시에 사용할 자원이 됩니다. 다음의 각 영역에서 당신은 얼마나 여유를 가지고 있나요?

- 내 가정 생활 ....
- 내 친구 관계 ....

- 내 교회 생활
- 내 일
- 내 여가
- 내 재정

당신의 관계를 위해 기도하기 시작하고, 하나님께서 복음을 나눌 수 있는 문을 열어 주시기를 기도하세요.

소명과 일

하나님은 우리를 세상에 복음을 전파하는 그의 목적에 참여하도록 부르십니다.

에베소서 1:18에서의 소명은 복음을 전하는 것에 어떻게 적용됩니까?

디모데후서 1:9에서 우리는 어떻게 적용할 수 있습니까?

하나님은 우리 각자를 복음을 전하며 살게 될 상황으로 배치하십니다. 대부분 하나님은 우리를 가정, 이웃과 직장에서 빛이 되도록 부르십니다. 일에 대한 우리의 태도도 중요한데, 그것이 우리 삶의 최우선순위는 되지 않아야 합니다.

물론 일은 타락의 결과가 아닙니다. 이는 인류를 위한 하나님의 창조 질서의 일부입니다. 창세기 2:5, 15을 읽고 논평하세요.

타락은 창세기 3:17-19에서 일의 성격에 어떤 영향을 미쳤습니까?

....
....

고린도전서 3:13-15을 읽으세요. 우리의 일이 하나님에 의해 어떻게 시험되고 보상될 것입니까?

....
....

대부분의 사람들은 왜 일을 하나요? 서너 가지 생각을 적으세요.

....
....

골로새서 3:23-24을 읽으세요. 우리는 사람들을 감동시키고 기쁘게 하기 위해서가 아니라, 주님께 하듯이 우리의 일을 하도록 부름 받았습니다. 당신의 일에서 각 접근 방식의 예는 무엇입니까?

....
....

빌립보서 4:19을 살펴보세요. 이 구절은 제공에 대해 무엇을 말합니까?

....
....

예레미야 9:23-24과 빌립보서 3:8을 보세요. 이 구절들은 우리가 무엇을 가치 있게

여겨야 하는지에 대해 어떻게 말합니까?

....

....

"참된 중요성은 위치나 명성에서 찾을 수 있는 것이 아니라, 우리가 일을 수행하는 방식과 누구를 위해 일을 하는지에 있습니다. 중요성은 지혜, 권력, 재물에 의해 결정되는 것이 아니라 하나님과의 관계에 의해 결정됩니다. 우리는 우리의 필요만을 충족시키기 위해 일하지 않습니다. 우리 문화는 일을 성공, 중요성, 제공, 존경 및 목적을 위한 추구와 연관시킵니다. 반면에, 성경은 우리에게 이런 것을 위해 일을 하지 말고 하나님께로 눈을 돌리라고 가르칩니다(고전 4:7). 믿는 자들은 하나님이 그들에게 공급의 원천이며, 일은 하나님이 그들의 필요를 공급하기 위해 사용하는 수단임을 깨달아야 합니다. 하나님은 우리의 능력이나 성취에 감명받거나 의존하지 않습니다. 그러나 하나님의 명성을 위해 우리가 일을 하면, 그것은 마치 부모가 자녀가 그린 그림을 냉장고에 장식하는 것과 같은 방식으로 그분을 기쁘게 합니다. 이 그림들이 갤러리에 전시될 만큼 가치가 있기 때문이 아니라, 그것들을 그린 자녀와의 관계 때문에 가치가 있는 것입니다." - 켄 보아, 작가

고린도후서 5:18-19을 읽어 보세요. 이 말씀은 우리가 어떤 역할이나 사명을 가지고 있다고 말하고 있나요?(직업과 상관없이 말입니다.)

....

....

듣기: ARE THEY THINKING LOST? BY TED DEMOSS

> ### 성구 암송: 인사이더로서의 소명
>
> "형제들아 너희는 각각 부르심을 받은 그대로 하나님과 함께 거하라"(고전 7:24).

관련 자료

True Spirituality, Francis A. Schaeffer
Lifestyle Discipleship, Jim Petersen
Scripture Memory Verses, Book 3

더 깊이 들어가기

이 섹션은 도전적인 질문, 오디오 추천, 자기 성찰 연습을 통해 조금 더 깊이 나아갈 수 있도록 돕기 위한 것입니다. 이 섹션은 선택 사항이므로 모두 사용하거나 일부를 사용하거나 또는 전혀 사용하지 않아도 됩니다.

생각하기: 지금까지 당신의 삶에서 다른 사람들과 그리스도를 나누는 데 어떤 역할을 했습니까? 이것이 당신의 하나님에 대한 헌신을 정확하게 반영합니까? 왜 그렇거나 왜 그렇지 않습니까?

....
....

관찰하기: 개인적으로, 다른 사람들과 그리스도를 나누는 생활에 가장 큰 장애물은 무엇입니까?

....

....

고려하기: 하나님이 당신을 사용하여 그리스도를 나누도록 허락하실 때 얻을 수 있는 혜택이나 보상은 무엇입니까? 그렇지 않으면 무엇을 잃게 됩니까?

....

....

자신의 삶을 배가시키기

어떤 사람들은 이렇게 말합니다.

"예수께서는 관계를 맺을 수 있고 자신의 삶을 쏟을 수 있는 몇몇 사람을 택하셨는데, 이는 그가 떠난 후에 그들이 세상을 뒤집도록 하기 위함이었습니다." - 찰스 스윈돌, 목사 및 저자

"일꾼은 적습니다. 예수 시대에도 적었고 오늘날에도 적습니다. 교회에 다니는 사람은 많습니다. 세미나도 많습니다. 컨퍼런스도 많습니다. 종교 기관도 많습니다. 프로그램도 많습니다. 하지만 일꾼은 적습니다." - 레로이 에임스, 추수 현장에서 일하기

"우리는 그리스도의 삶을 믿는 이의 삶으로 재현하라는 부름을 받았습니다." - 하워드 헨드릭스, 교수

"제자도란 단순히 깨어진 사람들이 깨어진 사람들을 돕는 것입니다." - 익명

인터넷은 '확장'이라는 개념에 새로운 의미를 부여했습니다. 예를 들어, 'number'라는 단어를 검색하면, 검색 엔진에 따라 0.15초 만에 1,730,000,000개의 결과가 도출됩니다. 정보의 폭발적인 증가는 이제 우리의 일상이 되었습니다. 우리는 확장되는 시스템에 익숙해져 있고, '메가'라는 말을 자주 사용합니다. '크다'라는 개념은 더 이상 우리에게 낯설지 않습니다. 제자로서의 소명에 이러한 사고방식을 적용하면 성공이 양으로 정의된다는 결론을 내리기 쉽습니다.

하지만 예수 그리스도를 따르는 사람에게 확장은 실제로 어떤 모습일까요? 예수님의 비유는 우리에게 그분이 주신 자원을 투자하고 확장시키라고 가르칩니다. 그렇다면, 매주 대형 교회에서 예배를 최대한 많이 드리는 것이 진정한 확장일까요? 혹은 수치로 측정할 수 있는 결과만이 영적으로 중요한 것일까요? 우리는 영적인 재생산을 하라는 부름을 받았습니다. 하지만 무엇을 재생산해야 할까요?

이 질문에 답하려면, 우리가 처음 시작했던 목적을 다시 생각해 보는 것이 중요합니다. 목적과 연결되지 않은 영적 성장은 단순한 숫자 계산에 불과합니다. 하나님은 당신의 삶에 특별한 목적을 가지고 계십니다. 그 목적은 이 세상과 개개인의 마음속에서 그분의 왕국을 세우는 일에 함께하는 것입니다.

"그 작은 자가 천 명을 이루겠고 그 약한 자가 강국을 이룰 것이라 때가 되면 나 여호와가 속히 이루리라"(사 60:22).

핵심 주제

1. 제자도: 영적 양육
2. 성장의 과정
3. 제자도의 목표: 당신 안에 형성된 그리스도
4. 라이프 온 라이프(Life On Life)
5. 제자 삼을 사람 찾기
6. 최종 도전

1. 제자도: 영적 양육

> 제자 훈련은 구원받은 사람들이 관계 속에서 영적으로 영적 재생산자로 살도록 돕는 과정입니다.

패러다임의 변화

지난 200년 동안 제자훈련은 여러 의미를 갖게 되었는데, 그중 많은 것이 삶의 방식보다는 종교적 행동에 대한 의미를 더 많이 내포하고 있습니다. 오늘날 많은 교회에서 제  자훈련은 지루한 프로그램을 거치거나 영적 성장에 대한 수업에 참석하는 것을 의미하며, 지식과 정보에 초점을 맞추고 있습니다.

이렇게 정의됨으로써 제자도는 특히 진정성과 공동체를 갈망하는 많은 젊은이들에게 거부감을 주었습니다. 그들은 실제 삶의 문제들과 씨름하고 있습니다. 그러므로 제자훈련이 실제 삶에 좀 더 확고하게 연결되어야 하지 않겠습니까?

진정한 제자훈련은 그리스도에 관한 것입니다. 그리고 그리스도는 관계에 관한 것이었습니다. 그의 열정은 일이나 조직, 활동이 아니라 사람에 관한 것이었습니다. 우리에게 이 열정은 우리의 삶을 변화시키고, 잃어버린 사람들 가운데 살며, 우리가 사는 곳에서 제자를 만드는 것으로 이어집니다.

"예수께서 나아와 말씀하여 이르시되 하늘과 땅의 모든 권세를 내게 주셨으니 그러므로 너희는 가서 모든 민족을 제자로 삼아 아버지와 아들과 성령의 이름으로 세례를 베풀고 내가 너희에게 분부한 모든 것을 가르쳐 지키게 하라 볼지어다 내가 세상 끝날까지 너희와 항상 함께 있으리라' 하시니라"(마 28:18-20).

영적 양육

육아는 이론이 아니라는 것을 모든 부모들은 알고 있습니다. 이론이 통하는 듯할 때, 완벽한 계획을 물거품으로 만들어 버리는 아이나 상황이 찾아옵니다. 그것이 양육의 실제 모습입니다. 노력의 모든 측면이 양육이라는 하나의 목표로 이어집니다. 제자훈련이 다른 것이 아니라면, 사랑으로 다른 신자를 양육하는 것입니다.

예를 들어, 사도 바울은 '나의 자녀들아, 내가 너희 안에 그리스도가 형성될 때까지 다시 해산하는 고통을 겪는다'라고 썼습니다. 그는 데살로니가 교회에 '우리는 너희 가운데 유순하여 젖먹이 아이들을 돌보는 유모와 같았다…너희는 알다시피, 우리가 너희 각 사람을 자기 자녀를 대하듯 대했다…'라고 썼습니다. 베드로는 '갓난아기들'에 대해 말했습니다. 요한은 반복적으로 독자들을 '사랑하는 자녀들'이라고 불렀습니다. 그리고 히브리서는 영적 '유아기'와 '성인기'로의 성장의 중요성을 이야기합니다.

성경 말씀에서 시작해 봅시다. 아래 구절들은 가르치는 자와 배우는 자의 관계에 대해 무엇이라고 말하고 있습니까?

갈라디아서 4:19

....
....

데살로니가전서 2:8-12

....
....

CBMC는 오랫동안 전도가 영적 농사의 과정이고 제자 양성은 영적 양육의 과정이라는, 다음과 같은 예를 들어 설명해 왔습니다.

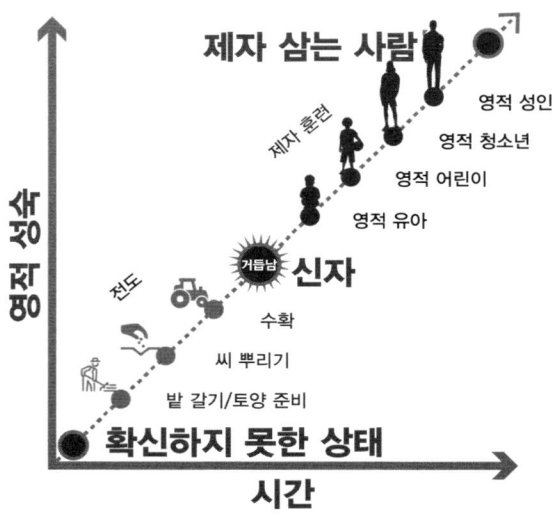

이 다이어그램에서 제자로 성장하는 4단계는 무엇입니까?

....

....

제자도의 장애물

"제자도의 이미지는 자신의 아이들을 다정하게 양육하며 돌보는 어머니의 모습입니다. 그녀는 지금 실수를 바로잡는 데 큰 관심이 없습니다. 그녀는 아이들에게 정보를 제공하는 데 매달리지 않습니다. 오히려 그녀는 아이들이 그녀의 사랑과 수용에 안전함을 느끼게 하는 데 집중합니다…만약 우리가 새로운 신자들이 매일 성경을 읽는 습관을 가지기를 원한다면, 우리 스스로가 먼저 그렇게 해야 합니다." - 짐 피터슨, 라이프스타일 제자도

일반적인 장애물:
- 제자 훈련을 받은 경험이 없음
- 무슨 말을 해야 할지 모름

- 바빠서 시간이 없음
- 제자도에 대한 이해 부족

제자가 되는 것과 다른 사람들이 제자가 되도록 돕는 것은 어렵고 혼란스럽고 장기적인 과제입니다. 많은 사람들이 시작하지만 많은 사람들이 지속하지 않습니다.

왜 그렇다고 생각합니까?

....
....

이러한 장애물 중에서 가장 큰 장애물은 무엇입니까?

....
....

이를 극복하기 위해 무엇을 할 수 있습니까?

....
....

어려움과 방해에도 불구하고 예수님은 제자도를 선택이 아니라 필수사항이 되게 하셨습니다.

"수많은 무리가 함께 갈새 예수께서 돌이키사 이르시되 무릇 내게 오는 자가 자기 부모와 처자와 형제와 자매와 더욱이 자기 목숨까지 미워하지 아니하면 능히 내 제자가 되지 못하고 누구든지 자기 십자가를 지고 나를 따르지 않는 자도 능히 내 제자가 되지 못하리라 너희 중의 누가 망대를 세우고자 할진대 자기의 가진 것이 준공하기까지에 족할는지 먼저 앉아 그 비용을 계산하지 아니하겠느냐 그렇게 아니하여 그 기초만 쌓고 능히 이루지 못하면 보는 자가 다 비웃어 이르되 이 사람이 공사를 시작하고 능히 이루지 못하였다 하리라 또 어떤 임금이 다른 임금과 싸우러 갈 때에 먼저 앉아 일만 명으로써 저 이만 명을 거느리고 오는 자를 대적할 수 있을까 헤아리지 아니하겠느냐 만일 못할 터이면 그가 아직 멀리 있을 때에 사신을 보내어 화친을 청할지니라 이와 같이 너희 중의 누구든지 자기의 모든 소유를 버리지 아니하면 능히 내 제자가 되지 못하리라 소금이 좋은 것이나 소금도 만일 그 맛을 잃으면 무엇으로 짜게 하리요 땅에도, 거름에도 쓸 데 없어 내버리느니라 들을 귀가 있는 자는 들을지어다 하시니라"(눅 14:25-35).

예수님은 어떤 사람이 제자가 될 수 없다고 말하고 있습니까?

....
....

실제로 부모, 아내, 자녀, 형제, 자매, 다른 사람들을 미워하라는 뜻입니까? 아니면 무엇입니까?

....
....

그의 제자가 되기 위해 무엇을 요구합니까?

....
....

누가복음 14:25-35을 다시 읽으세요. 이 구절을 고려하여 자신의 그리스도와의 관계를 평가하십시오. 어떻게 개선하고 싶습니까?

....
....

2. 성장 과정

진정한 기독교적 성장은 내면에서 시작되어 외적으로 나타납니다. 우리가 종종 강요하는 방식과는 정반대입니다. 우리가 새로운 기독교인의 성장을 영적 외형(올바른 단어, 올바른 행동 기준)으로 측정한다면, 우리는 최선보다는 좋은 것을, 비범한 것보다는 편리한 것을 선택하고 있다고 하겠습니다. 바뀌어야 할 것은 마음의 동기입니다. 영적 변화는 내면에서 시작됩니다.

이러한 혁명적인 변화는 세계관, 가치관, 행동의 세 가지 전선에서 발생합니다. 제자도는 먼저 세계관에 초점을 맞춥니다. 나의 하나님에 대한 관점과 하나님이 보는 세계의 관점입니다. 여기서 나는 인생의 큰 질문에 답합니다. '내가 여기 어떻게 왔는가?' '어디로 가고 있는가?' '누가 책임자인가?'

이러한 질문에 대한 당신의 답은 당신의 가치 체계에 영향을 미칠 것입니다. 당신에게는 무엇이 중요하고, 무엇을 위해 죽을 각오가 되어 있는지요? 그러므로 당신의 행동은 당신의 세계관에서 직접적으로 자라나 당신의 가치관과 그에 따른 행동을 형성합니다. 먼저 행동에 집중하려는 것은 유혹입니다. '해야 할 것과 하지 말아야 할 것들'로 우리는 종종 내면의 변화 없이 외부에서 사람들을 개혁하려고 합니다. 그런 것들로 성공을 측정하는 것이 더 쉽기 때문이지만, 하나님의 전략은 내부에서 외부로의 변화입니다.

지속적인 내부 변화의 결과는 무엇입니까?

....

....

"세계관, 가치관, 행동 간의 상호 작용에 대한 이해는 우리가 다른 사람들에게 어떻게 사역해야 하는지 알도록 도와줍니다. 진정한 변화가 일어나기를 원한다면, 우리의 노력을 사람이 믿고 가치를 두는 것에 맞춰야 합니다. 그렇게 하면 잘못된 행동을 받아들일 수 있습니다. 시간이 지나면 진정한 행동 변화가 나타날 것입니다."
- 짐 피터슨, 라이프스타일 제자도

하나님께서 당신의 내면을 어떻게 변화시키고 계신가요? 예를 들어보세요.

....
....

세계관은 성경의 진리와 그리스도의 성품에 기초하여 형성됩니다.

"너희 안에 착한 일을 시작하신 이가 그리스도 예수의 날까지 이루실 줄을 우리는 확신하노라"(빌 1:6)라는 말씀이 위에 언급한 내용에 어떻게 적용됩니까?

....
....

3. 제자도의 목표: 당신 안에 형성된 그리스도

성장 과정이 내부에서 외부로 진행된다면, 그것은 내부에서 시작됩니다. 그것이 바울이 갈라디아 사람들에게 '너희 안에 그리스도가 형성될 때까지' 고통을 겪고 있다고 말하는 이유입니다. 그리스도가 당신 안에 형성된다는 것은 무엇을 의미합니까? 많은 사람들은 지식이나 정보를 생각하고, 다른 사람들은 특정 행동이나 결과에 집중합니다.

그리스도가 당신 안에 형성된다는 것은 "나의 자녀들아 너희 속에 그리스도의 형상이 이루기까지 다시 너희를 위하여 해산하는 수고를 하노니"(갈 4:19)를 참고로 다음과 같은 변화를 의미합니다.

＊ 정보에서 관계로: "나의 자녀들"
- 생명 대 생명의 관계로 발전합니다.
- 성경 지식이 삶의 변화로 이어집니다.

＊ 결과에서 과정으로: "다시 고통을 겪으며"
- 단기 해결책보다 평생의 변화를 추구합니다.
- 여정이 목적지입니다.

＊ 행동에서 영성으로: "너희 안에 그리스도가 형성될 때까지."
- 삶은 내가 하나님의 일을 내 힘으로 하는 것이 아니라, 그리스도가 나를 통해 일하시는 것입니다.
- 그리스도는 모든 활동의 출발점, 수단, 목적입니다.
- 영적 제자는 단순히 정보적인 것이 아니라 변혁적인 것입니다, 더 큰 목적을 위한 필수 수단, 목적 자체는 아닙니다.

＊ 연역에서 귀납으로:
- 제자훈련 과정은 성경이 실제로 무엇을 말하는지 배우는 능력을 발전시키며, 특정 입장을 정당화하기 위해 성경을 사용하는 것은 아닙니다.

제자 훈련 중 어느 한 가지 구성 요소를 경험한 적이 있습니까?

미래의 제자훈련에서 이들을 어떻게 적용할 수 있습니까?

"제자 훈련의 주요 목적은, 제자가 스스로 우물을 파는 지경까지 이르게 하고 말씀을 먹음으로 인해 당신에게 의존하는 것에서 벗어나게 하는 것입니다." - 크리스 애드싯, 개인 제자 훈련

"30년 동안이나 제자 훈련 프로그램이 있었지만 우리는 제자가 되지 못했습니다." - 짐 피터슨, 라이프스타일 제자도

그리스도가 우리의 생명이라는 것은 무엇을 의미합니까?

예수님은 시작이시며, 방법이시며, 목적이십니다.

아래 구절들은 생명을 묘사합니다. 당신에게 어떤 의미가 있습니까?

빛이 되는 생명(요 1:4)

풍성한 생명(요 10:10)

영원한 생명(요 14:6)

그리스도가 당신의 생명 되심을 어떻게 경험하면서 성장하셨나요?

....
....

갈라디아서 2:20을 반영해 보세요. 이것이 당신에게 어떤 의미가 있으며 당신의 삶에서 어떻게 적용될 수 있습니까?

....
....

그리스도와의 관계는 네 가지 필수 구성 요소를 가집니다.
- 정체성—그리스도 안에 있는 존재
- 내주하심—그리스도께서 내 안에 계심
- 친밀감—그리스도와 함께 있고, 알고 사랑함
- 영광—영원히 그리스도를 반영함

그리스도 안의 정체성은 내가 누구인지 말해 줍니다.
- 나는 받아들여졌습니다.
- 나는 안전하며 그에게 속해 있습니다.
- 나는 중요하며 가치 있고 소중합니다.
- 나는 값을 치르고 구원받았습니다.

이 제자 훈련 과정을 통해 당신은 이 진리들을 어떻게 더 깊이 깨닫게 되었나요?

....
....

4. 라이프 온 라이프 (Life On Life)

서양 문화권의 사람들 대부분은 제자 훈련에 대한 주제를 체계적이고 논리적인 방식으로 접근합니다. 훈련의 주제를 만들고, 계획을 세우면서, 종종 그리스도 안에서 삶을 나누려고 하는 상대의 필요를 잊은 채 시작합니다. 이러한 접근 방식은 성령의 인도를 간과합니다. 그리고 틀에 얽매이기 쉽습니다. 또한 하나님의 지혜보다는 우리 자신의 지혜에 의존한다는 것을 의미합니다.

예수님의 접근 방식은 고대 팔레스타인의 고유한 패턴을 따랐습니다. 랍비(교사)로서 예수님은 제자들과 시간을 보냈습니다. 제자들은 부자, 가난한 사람, 제사장, 정치인에 대한 예수님의 반응을 관찰할 기회를 가졌습니다. 예수님은 항상 질문을 던지며, 제자들이 선택을 생각하고 사건을 성경의 가르침에 비추어 평가하도록 유도했습니다.

> "브라질에서의 깨달음 이전에 저는 제자 훈련을 정보와 학문의 체계로 보았습니다. 그래서 저는 교과 과정과 방법론을 정리했습니다. 저는 모든 사람에게 제 의제를 강요하고 있다는 것을 깨달았습니다. 나는 다른 사람의 관점에서 시작하는 법을 배워야 했습니다." - 짐 피터슨, 라이프스타일 제자도

> "우리가 이같이 너희를 사모하여 하나님의 복음뿐 아니라 우리의 목숨까지도 너희에게 주기를 기뻐함은 너희가 우리의 사랑하는 자 됨이라"(살전 2:8).

예수님은 매우 실용적이기도 했습니다. 그는 제자들과 돈의 목적과 사용, 가족의 중요성, 정부의 역할에 대해 논의했습니다. 3년 넘게 그의 제자들은 타락한 세상에서 하나님을 위해 사는 Life On Life의 과정을 진행했습니다.

이러한 유형의 관계를 경험한 적이 있습니까?

....

....

다른 사람과 이런 것을 어떻게 발전시킬 수 있습니까?

....

....

훈련 기간

Life On Life 제자 훈련은 장기적인 헌신을 요구합니다. 이러한 관계는 희생을 요구하며 일부에게는 너무 비싼 것으로 보일 수 있습니다.

부모가 자녀를 포기할 수 없는 것처럼, 우리는 우리의 영적 자녀들을 포기할 수 없습니다. 기간이 길고 어려우며 고통스럽더라도 말입니다. 그리스도는 당신을 위해 자신의 생명을 주셨습니다. 당신은 다른 사람을 위해 덜 할 수 있습니까?

당신은 이런 종류의 대가를 치를 준비가 되었습니까? 어떻게 시작할 수 있을까요?

....

....

하나님께서 "잘하였도다 착하고 충성된 종아"라고 말씀하시는 것이 당신에게 어떤 의미가 있습니까?

....

....

세대를 이어가는 제자 훈련

제자 훈련은 또한 세대 간의 것입니다. 진리는 한 사람에게서 다른 사람에게 전달됩니다. 디모데후서 2:2에서 언급된 4세대는 무엇입니까?

....
....

이사야 54:2-3에서, 누가 실제로 열방을 소유합니까?

....
....

제자 훈련을 세대의 관점으로 보는 것이 왜 중요합니까?

....
....

당신 이전 세대는 누구입니까?

....
....

발견 과정

제자 훈련은 정보의 다운로드가 아니라 발견 과정입니다. 월트 헨리히센(Walt Henrichsen)이 *Disciples Are Made, Not Born*에서 설명한 네 가지 기본 원칙은 다음과 같습니다.
- 방법보다 원칙을 우선하고 형태보다 기능에 초점을 맞춥니다.
- 기술을 개발하고 전수하는 것보다 다른 사람의 필요를 충족시키는 데 중점을

둡니다.
- 기술보다는 사고 과정을 발전시키는 데 중점을 둡니다.
- 하나님에 대한 이론을 가르치는 것보다 신뢰하는 법을 배우는 것이 중요합니다.

이러한 원칙을 경험한 적이 있습니까?

....

....

우리의 영적 자녀를 위한 목표

월트 헨리히센은 또한 제자들을 위한 목표도 제시합니다.
- 그리스도를 알고, 그에 대한 진리를 경험하여 그리스도가 그들을 통해 살도록 합니다.
- 그리스도와의 친밀감과 공동체 내의 상호 의존으로부터 믿음, 소망, 사랑을 발전시킵니다.
- 복음에 내재된 책임을 맡으십시오
- 사람이 아닌 하나님께 의존하는 법을 배우세요.

5. 디모데 찾기

우리는 모든 사람을 다 제자로 삼을 수 없습니다. 제자 훈련자와 제자 모두에게 필요한 시간과 헌신 때문에 몇 명에 집중해야 합니다. 우주의 모든 힘을 가진 그리스도는 열두 명의 보잘것없는 제자들에게 자신의 생명을 부어 주기로 선택하셨습니다. 그는 때가 되면 헌신적인 소수의 사람들이 하나님을 위해 세상을 흔들 것이라는 것을 알고 있었습니다. 이 원리는 오늘날에도 적용됩니다. 소수의 몇 명에게 투자함으로써 많은 사람들에게 다가가서 구원을 전할 것입니다.

우리가 소수의 사람만 효과적으로 제자를 양성할 수 있다면, 우리는 이 소수의 사람을 현명하게 선택하고 도전함으로 제자 양성 과정의 필수적인 부분이 되도록 해야 합니다. 우리는 누구를 찾고 있으며, 어떻게 그들이 디모데 전략(Operation Timothy)에 참여하도록 도전할 수 있을까요?

첫 번째 단계는 잠재적 제자를 인식할 수 있는 능력입니다. 제자에게서 우리가 찾는 자질은 무엇입니까?

F.A.T. Man

- 신실한(Faithful)
- 시간이 있는(Available)
- 배우려는 자세가 있는(Teachable)

이 세 가지 특성이 실제 삶에서는 어떤 결과를 나타낼까요?

....

....

"배울 수 있는 능력은 개인의 성장 가능성을 의미합니다. 배우려는 마음을 가진 사람을 보여 주시면, 저는 그 사람 안에 잠재력의 한계가 없음을 보여드릴 수 있을 것입니다." - 하워드 헨드릭스, 박사

디모데를 찾는 단계

1) 물어 보기

기도하면서 이러한 자질을 가지고 있다고 생각하는 사람이나 발전 가능성이 있는 사람들의 목록을 작성하세요. 기도는 선택 과정에서 중요한 요소입니다. 이는 마음의 자질이 중요하기 때문입니다. 당신은 이 사람들의 마음을 분별할 수 있는 하나님의 지혜가 필요합니다.

"여호와께서 사무엘에게 이르시되 그의 용모와 키를 보지 말라 내가 이미 그를 버렸노라 내가 보는 것은 사람과 같지 아니하니 사람은 외모를 보거니와 나 여호와는 중심을 보느니라 하시더라"(삼상 16:7).

2) 찾아보기

당신의 디모데는 세 가지 중 하나에서 나올 것입니다. 첫째, 그는 당신이 그리스도께 인도해야 하는 책임을 가진 사람일 수 있습니다. 이 경우, 그의 영적 아버지로서 당신은 모든 부모와 동일한 책임을 져야 합니다. 둘째, 당신의 일상 활동에서 하나님께서 당신의 삶에 젊고 미숙한 그리스도인을 데려와서 그를 당신의 교육 청지기 직분에 둘 수 있습니다. 세 번째는 그리스도인이 아니지만 하나님의 진리를 탐구하고 그리스도를 그의 주님이자 구세주로 삼을 가능성을 찾고자 하는 사람일 수 있습니다.

- 새로운 기독교인
- 미성숙한 기독교인
- 찾고 있는 사람

3) 두드리기

주님이 잠재적 디모데를 당신에게 보내실 때, 주도권을 잡으세요. 누가복음 6:13에서 우리는 기도 후 주님이 제자들을 부르시고 그중 열두 명을 선택하시는 것을 봅니다. 잠재적 디모데를 평가하고 도전하는 방법은 전반적 사역의 성공에 매우 중요합니다.

기회를 만드십시오!

Operation Timothy를 통해 사람을 어떻게 초대합니까?

시간을 함께 보내면서 잠재적 제자의 배경에 대해 알아보세요. 하나님께서 제자를 준비해 주셨을 때 이를 인식할 분별력을 주시도록 기도하세요. 잠재적 제자에게 성경을 조사하도록 격려할 지혜를 구하는 기도를 하세요. 다음의 영적 인식 차트를 반영하며, 잠재적 제자가 영적 여정에서 어디에 있는지에 대한 통찰력을 달라고 하나님께 기도하세요.

시간을 내어 이러한 종류의 관계를 시작할 수 있는 사람을 위해 기도하기 시작하세요.

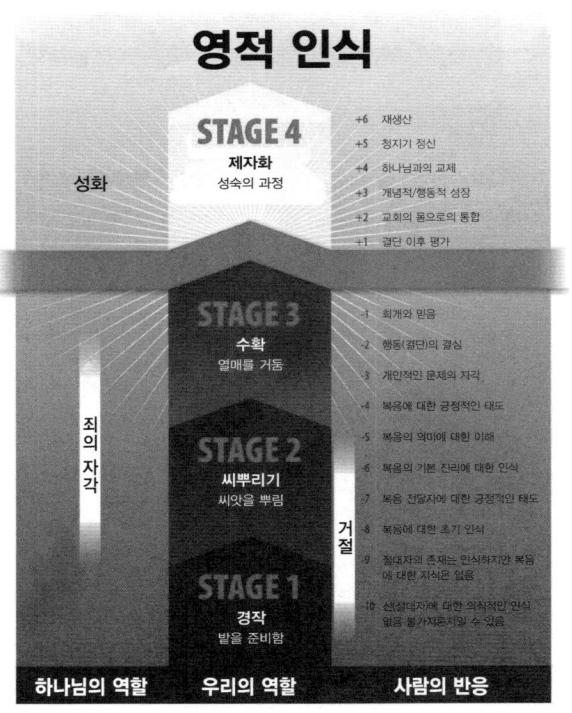

누군가가 당신을 제자로 삼기 위해 수고하지 않았다면 당신은 어디에 있을까요?

....
....

6. 최종 도전

삶의 목적

삶의 목적 진술문(사명선언문)은 우리를 집중하게 합니다. 골로새서 1:27-29에서 바울의 목적은 무엇입니까?

....

....

당신의 인생 목적에 영적 재생산을 어떻게 포함할 수 있습니까? 당신의 삶의 목적/사명 선언문이 없다면, 참고자료에서 만드는 가이드를 참고할 수 있습니다.

....

....

한 사람의 영향을 진지하게 생각해보기

1900년에 윈십 박사(Dr. A.E. Winship)는 두 사람, 조나단 에드워즈(1703~1758)와 맥스 주크스(가명, 1720~?)의 가계에 대한 연구를 발표했습니다. 에드워즈는 미국 최고의 신학자 중 한 명이었으며, 작가, 목사 및 철학자였습니다. 반면에 주크스는 타락한 사람이었고, 그의 가족은 뉴욕주 교도소에 있으면서 뉴욕 시의 세금에 큰 부담을 주었습니다.

조나단과 사라 에드워즈는 '학문과 도덕적 힘에서 매우 강한' 가족을 이루었습니다. 연구된 1,400명 중 13명은 대학 총장, 65명은 대학 교수 및 많은 신학교 및 학원 원장이었습니다. 그들 중 한 명은 예일 대학교에 25만 달러를 기부했습니다. 가족 중 62명은 저명한 의사가 되었습니다. 100명 이상이 성직자, 선교사 및 신학 교수였습니다. 많은 사람들이 비즈니스 리더, 은행가 및 발명가가 되었습니다. 80명은 시장, 주지사, 국회의원 및 상원의원으로 공직에서 일했습니다. 한 명은 부통령이었습니다. 75명은 육군 및 해군 장교였습니다. 60명은 저명한 저자 또는 편집자로, 그들 중 한 명은 베스트셀러 소설가였습니다. 그들은 135권의 책을 썼습니다.

맥스 주크스는 게으르고 교육을 받지 못했으며 저속했습니다. 그의 가족의 1,200명 중 20명만이 괜찮은 직업 기술을 가지고 있었습니다. 7명은 살인자였습니다. 50명은 악명 높은 타락한 여성들이었습니다. 60명은 상습 절도범이었으며, 다른 130명은 다양한 범죄로 정기적으로 유죄 판결을 받았습니다. 가족의 약 4분의 1은 전문적인 빈곤자였으며, 다른 4분의 1은 적절한 돌봄 부족으로 어린 시절에 사망했습니다. 뉴욕 주는 주크스가 법원, 교도소 및 빈민가 비용으로 납세자에게 1,250,000달러의 비용을 초래했다고 추정했습니다.

이러한 이야기는 한 사람이 그를 따르는 사람들에게 미칠 수 있는 영향을 결코 과소평가해서는 안 된다는 것을 상기시켜 줍니다.

지금까지 배운 모든 것을 고려할 때, 당신의 다음 단계는 무엇입니까?

....

....

누구에게 또는 무엇에 투자하고 있습니까?

....

....

당신의 삶을 그리스도를 위해 증식하기 위한 계획은 무엇입니까?

....

....

듣기: MULTIPLICATION BY WALT HENRICHSEN

듣기: 하워드 헨드릭스의 DYNAMICS OF DISCIPLESHIP

"또 네가 많은 증인 앞에서 내게 들은 바를 충성된 사람들에게 부탁하라 그들이 또 다른 사람들을 가르칠 수 있으리라"(딤후 2:2).

관련 자료

Halftime, Bob Buford

Experiencing God, Henry Blackaby

Multiply, Francis Chan

Scripture Memory Verses, Book 3

Downloadable Life Purpose Statement PDF

VIDEO: Being a Paul

더 깊이 들어가기

이 섹션은 도전적인 질문, 오디오 추천, 자기 성찰 연습을 통해 조금 더 깊이 나아갈 수 있도록 돕기 위한 것입니다. 이 섹션은 선택 사항이므로 모두 사용하거나 일부를 사용하거나 또는 전혀 사용하지 않아도 됩니다.

생각하기: 다른 사람들에게 그리스도를 전하는 것과 다른 사람을 제자로 훈련하는 것

의 차이는 무엇입니까?

....

....

관찰하기: 그 사람이 당신의 영적 멘토로서 준비가 되었는지 알 수 있는 태도는 어떤 것일까요?

....

....

고려하기: 하나님이 당신을 영적 멘토로 사용하고자 하는 사람으로 누구를 떠올리게 합니까?

....

....

3. 디모데 전략 Operation Timothy Global *삶의 여정*

1판 1쇄 인쇄 _ 2025년 6월 20일
1판 1쇄 발행 _ 2025년 6월 25일

지은이 _ CBMC USA
옮긴이 _ 북미주 KCBMC LOL 사역팀
　　　　북미주 KCBMC 사역지원센터
　　　　1012 Mac Arthur Drive Suite 172 Carrollton, TX 75007
　　　　홈페이지 http://www.kcbmc.org
펴낸이 _ 이형규
펴낸곳 _ 쿰란출판사

주소 _ 서울특별시 종로구 이화장길 6
편집부 _ 745-1007, 745-1301~2, 743-1300
영업부 _ 747-1004, FAX 745-8490
본사평생전화번호 _ 0502-756-1004
홈페이지 _ http://www.qumran.co.kr
E-mail _ qrbooks@daum.net / qrbooks@gmail.com
한글인터넷주소 _ 쿰란, 쿰란출판사
페이스북 _ www.facebook.com/qumranpeople
인스타그램 _ www.instagram.com/qrbooks
등록 _ 제1-670호(1988.2.27)
책임교열 _ 김영미·이화정

© CBMC USA 2025　ISBN 979-11-94464-74-7　03230

책값은 뒤표지에 있습니다.
이 출판물은 저작권법에 의해 보호를 받는 저작물이므로 무단 복제할 수 없습니다.
파본(破本)은 구입처에서 교환해 드립니다.